現場で役立つ

介護・福祉リーダーのための
チーム
マネジメント

井上由起子、鶴岡浩樹、宮島渡、村田麻起子 著

中央法規

はじめに

　やっと一人前になれたと思ったのも束の間、突然、セクションのリーダーを務めることになった。または、後輩の指導を任されることになった。しかし、若手の育成などやったことがなければ、チームリーダーの経験もない……。

　そのような皆さんに読んでもらいたい本をつくりました。私たちは、日本で唯一の福祉系専門職大学院で教壇に立っています。福祉や介護の仕事を続けながら専門職大学院に通う実践者の多くがチーム運営や人材育成に興味を持ち、私たちの授業を選択しています。現場から求められているにもかかわらず、介護・福祉の分野に特化したチーム運営や人材育成のテキストが見当たらないことは、私たち教え手を悩ませます。いっそのこと、私たちがテキストをつくってしまおうか。試行錯誤しながら日々の授業でお伝えしている内容を整理すれば何とかなるのではないか。これが、事の発端です。

　本書は、介護・福祉の現場ではじめてリーダー業務に就かれる若手の中堅職員向けに、現場で使える実務書を目指しました。ベテラン管理職の方々にとっても、ご自身の仕事の振り返りに使えるよう、また、マネジャー育成の手引書として活用していただけるよう工夫を凝らしました。その内容は4部構成になっています。第Ⅰ部は、チームの定義から福祉サービスにおけるチームの特徴等、チームに関する基礎知識をまとめています。第Ⅱ部では、大人の学び方やリーダーシップ理論など、人を育てるリーダーの条件について整理しました。第Ⅲ部は、モチベーションやキャリア形成など、部下

や同僚の育ちをいかに支えるか論じています。第Ⅳ部ではコンフリクトやリスクマネジメントを学び、対立や危機を乗り越え、学び続けるチームをつくるにはどうすればよいか考えていただきます。

　本書が一貫してとっている立場は、「現場で学ぶ」ということです。紙面でこれを実現させようと、第Ⅰ部から第Ⅲ部はケースに始まりケースに終わる構成にしました。第Ⅳ部は長文のケースを中心に構成しました。ケースから課題を見出し、関係する理論を学び、咀嚼し、実践に活用できるようになっています。

　このように、ケースでの疑似体験を通して理論と実践を行き来する学習スタイルは、現場で使っていただくことを意識しています。「現場で学ぶ」ことをもう少し噛み砕くと、「経験を学びに変える力を育むこと」を意味しています。これを「経験学習」と呼ぶとすると、省察、批判的思考、対話などの姿勢が重要であることが本書から読み取れるでしょう。これらは、チームや組織の成長や取り組みにおいても基本となる姿勢です。執筆陣がこのような視点で綴っていることを感じていただけると、より深い理解につながり、今後遭遇するであろう未知の場面でも役立つことでしょう。

　本書があなたの実践を支えるだけでなく、「現場で学ぶ」文化が、あなたのチームや組織に、そして福祉分野に広まることを願っています。

2019年10月　執筆者一同

はじめに

第I部 チームの基本を知る

第1章 チームって何だろう？……002
1 チームとは？……004
2 チームの種類……007
3 福祉サービスチームの特徴……008
4 学習するチーム……011
5 チームの発達段階とチーム運営の原則……013
6 ケース検討……016

第2章 チームをアセスメントする……019
1 チームの質を測る指標……021
2 チームのアセスメント……023
3 メンバーのアセスメント……028
4 ケース検討……032

第II部 人を育てるリーダーの条件

第3章 大人の学び方を知る……036
1 大人の学び方……038
2 現場で学び、現場で成長……044
3 ケース検討……050

第4章 自分にあったリーダーシップを身につける……052
1 リーダーシップとは？……054
2 「行動特性」に着目したPM理論……056
3 「部下特性」に着目したSL理論……060
4 サーバントリーダーシップ……063
5 シェアードリーダーシップ……066
6 ケース検討……068

第III部 同僚や部下の学びを支える

第5章 モチベーションに働きかける……074
1. モチベーションの基礎理論……076
2. 内発的なモチベーション……080
3. 目標とモチベーション……081
4. 職務とモチベーション……083
5. ケース検討……085

第6章 キャリア形成を支援する……090
1. キャリアと個人……092
2. キャリアと組織……096
3. キャリア開発の方法……099
4. ケース検討……103

第7章 育ちと学びを支える……105
1. 省察とは……107
2. 他者からの支援……109
3. OJTで学ぶ……112
4. フィードバック……114
5. リーダーとなるために必要なスキル……118
6. ケース検討……120

第IV部 対立や危機を乗り越え学び続けるチームをつくる

第8章 意見が対立するチームを効果的にまとめる……126
課題1：チームの範囲と発達段階……131
課題2：対立について……132
課題3：岸のリーダーシップ……137
課題4：チームのよりよい状況に向けて……138
5. まとめ……138

第9章 介護事故を防ぐためチームを結集する……142

　課題1：チームの範囲とアセスメント……147
　課題2：リスクマネジメントの全体像……148
　課題3：岸田のリーダーシップ……154
　課題4：事故から学ぶ　〜経験学習モデルの適用〜……155
　5　まとめ……156

第10章 業務を改善し、実践力を高める……158

　課題1：タスクフォースとチーム……163
　課題2：業務の標準化と実践力の向上……164
　課題3：岡崎のリーダーシップ……168
　課題4：岡崎が取り組むこと……170
　5　まとめ……171

第11章 チームの視点で実践現場をスーパーバイズする……172

　課題1：介護チームの構造とアセスメント……178
　課題2：リーダーシップの評価……179
　課題3：田中主任の介入……181
　4　介護現場のスーパーバイズの課題……186
　5　まとめ……187

第12章 住民の力を呼び込み、地域で暮らす……188

　課題1：小規模多機能と地域との関係……193
　課題2：チームの状況と伊藤のリーダーシップ……197

コラム　学び続けることの大切さ………070
　コラム　「3年目の離職」を防ぐための研修………088
　コラム　複数法人が共同で役職者研修を行う………122
　コラム　コンフリクトから支援の「思い」に辿りつく………140

あとがき

参考文献一覧

執筆者一覧

第 I 部

チームの基本を知る

あなたはチームとグループの違いを説明できますか?
第 I 部ではチームについての基本的な理論を学びます。
チームをアセスメントする方法もお伝えします。
自分のチームを思い浮かべながら読み進めてください。

第 1 章

チームって何だろう?

　介護や福祉の現場では支援をチームで行うことが大半です。私たちは「チーム」という言葉を日常的に使っていますが、「チームって何ですか?」と問いかけられた時、明確に説明するのは難しいのではないでしょうか。
　第1章ではチームの定義、チームの種類、チームの発達段階を学びます。チームをよくするための方法を知るには、まず「チーム」について説明できなければなりません。自分の所属するチームを頭に思い浮かべながら、チームの定義を満たしているのか、チームが成長のどの段階にあるのかを理解しましょう。

> **ケース**　私の所属はAチーム

　私は市内の高齢者施設で介護職として働いている。所属はAユニットである。Aユニットでは、どんな小さなことでも周囲の職員と相談して決めていく。新人はもちろん、ユニットリーダーでさえ一人で判断せず、その日に出勤している職員たちと一緒に考えるようにしている。

　例えば、この利用者さんはもう少しぬるめのお茶がいいのか、あの利用者さんの声かけは「おはようございます」より「おはようさん」がいいのか、そんな些細（ささい）なことでも即決しないで、早番から日勤へ、日勤から遅番へと伝わり、話し合って決めていく風土があるのだ。

　時折、シフトの関係からBユニットの応援に入ることがある。その時に「あれ？」と思うことがある。Aユニットほど話し合いをしないのだ。職員は、その日のリーダーに相談して、その場で変更が決まっていく。

　例えば、嚥下機能が低下している利用者さんのとろみ剤の分量を少しだけ増やすとか、遅番の職員の定型業務としてごみ出しが加わるとか、そんな変更である。もちろん、申し送りには変更内容が記載されているし、次からこうなりますといった報告もある。

　Aユニットのやり方が絶対だとは思わない。事実、そんな細かなことまで相談しなくてもという雰囲気もある。

　この違いが支援の質に直結するわけではないことは分かっている。けれどこういった経験をするたびに、「あぁ、私の所属はAチームなんだ……」と思う。そしてBユニットの応援に入る時は暗黙のルールを思い出し、気持ちを切り替えて支援に入るようにしている。

1. チームとは？

　チームとは何でしょうか？　冒頭のケースで主人公は2つのユニットの些細なルールの違いから、ユニット毎にチームが形成されていることに気がつきました。これとは別の例として、職員がやる気を失い支援の質が著しく低下していると、「私たちはチームなんかじゃないっ」と感じることもあります。チームは常に変化する複雑な生き物のようです。

■ チームの定義

　チームの定義にはさまざまなものがあります。広く知られている定義は以下の4つの要素から構成されています。

・**達成すべき目標がある**

　チームは達成すべき目標のもとに結集しています。目標と言われてまず思い浮かぶのは、法人の理念や行動指針でしょうか。それらとは別にチームとしての目標を掲げているでしょうか。目標は絶えず皆で確認し、必要に応じて更新します。

・**メンバーに果たすべき役割が割り振られている**

　デイサービスの場面で考えてみましょう。入浴支援を担う職員、フロアでアクティビティを担う職員、利用者と会話をしながら昼食準備を担う職員、こういった役割分担をしながら支援は進みます。ユニットの場合、二人でその場を回すことも多く、「私は食堂を中心にして動き、同僚は排泄支援を中心に動く」、そんなこともあるのではないでしょうか。あらかじめ決まっているか、その場の文脈や状況を読み解きながら決めていくかはさまざまですが、一人ひとりの職員には役割が割り振られています。

・**メンバーは互いに協力し、依存し合う**

　チームは、新人からベテランまでさまざまな経験年数の者で構成されています。新人が難しい支援に入った際には、ベテランが見守

り、支援のポイントを伝えていることでしょう。場の流れを見ながら、「私、○○さんの排泄介助に入ります」といった声かけも日常的に行われています。それぞれの強みと弱みを理解し助け合って仕事を進めることで、一人ではなし得なかった成果を得ることができます。

- **メンバーとそれ以外の境界が明瞭である**

　冒頭のケースからも分かるように、チームにはメンバーがいて、メンバーはその境界を明確に認識しています。メンバーは入れ替わっても、チームの境界は変わりません。属しているチームは１つとはかぎりません。所属ユニットに加えて、施設全体も１つのチームと感じることもあります。施設長や生活相談員はそのように捉えていることが多いと思います。フロアリーダーはフロアの複数ユニットを１つのチームと捉えていることでしょう。小さなチームから始まり、その先のどこまでをチームと認識できるかはとても大切なことです。

達成すべき目標がある	メンバーに果たすべき役割が割り振られる
メンバーは互いに協力し、依存し合う	メンバーとそれ以外の境界が明瞭である

図1-① **チームの定義**

■ チームとグループは違う

　チームの定義をしっかりと理解するために、チームとグループの違いを明確にしておきましょう。図1-②をご覧ください。

　グループにも目標や役割分担はありますし、メンバーとそれ以外の境界も明確にあります。ただ、チームはグループと違って個人の業績よりもチームの業績を重視し、メンバー一人ひとりの力量や特性を理解し、補完し合うことで1＋1＝2を超える相乗効果を生み出すことを目指します。また、チームは個人の業績ではなく集団の業績を重んじます。

　こういった感覚を得られた時に、私たちは「グループ」より「チーム」という言葉を好んで使いますし、その感覚が失われた時に「チームじゃない」と感じます。

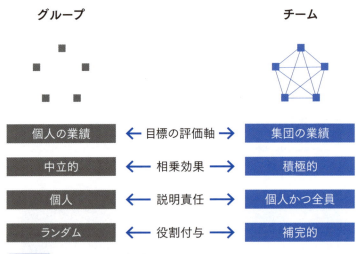

図1-②　チームとグループの違い

出典：スティーブン P. ロビンス著, 高木晴夫訳『新版 組織行動のマネジメント　入門から実践へ』ダイヤモンド社, 2009, 200頁を一部改変

2. チームの種類

「チーム」はいくつかの種類に分類することができます。タスクフォース、チーム、クルーについて説明します。

・**タスクフォース**

明確な目的のもと、期間を限定して結集するものを指します。目的にあわせてメンバーを人選し、試行錯誤を繰り返しながら、目的の達成に導き、その終了とともに解散します。「プロジェクトチーム」とも呼ばれています。事業所で行う夏祭りプロジェクト、アセスメント表の集中的な見直しプロジェクト、法人の研修体系構築プロジェクトなどが該当します。

・**チーム**

長期にわたって維持されるものを指します。典型はシフトを組みながら24時間365日稼働しているユニットです。メンバーの関係は長期にわたります。タスクフォースと比べると目標やゴールがはっきりしていないことが多く、メンバーの意欲を持続させることに努力を要します。職場の基礎的単位でもあります。

・**クルー**

短期で任務が完了するものを指します。メンバーは目標達成のためのスキルや知識を有しており、相互に特性や力量を理解し合っています。飛行機のコックピット、手術室のクルーなどが代表例で

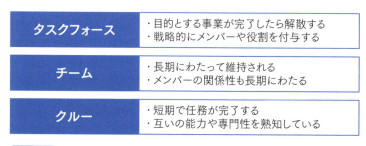

図1-③　タスクフォース、チーム、クルー

す。福祉現場でいえば、感染症が生じた時に対処するメンバー、事故発生時に即座に集まり対応にあたる委員会などが該当します。

　３つの類型のうち基盤となるのはチームです。そこから派生するものとしてタスクフォースやクルーがあります。入所系にせよ在宅系にせよ、福祉現場でもこの感覚はしっくりするのではないかと思います。
　ケアマネジャー、相談支援専門員、スクールソーシャルワーカー、ケースワーカーなどは、チームよりもクルーに近いと感じます。相談援助職は担当制をとることがほとんどですし、職場の同僚と仕事を一緒にするというよりは、組織を超えて多機関と連携して仕事を進めることが多いからかもしれません。彼らの仕事に必要な力量を示す言葉としては、「チームマネジメント」より「多職種連携」が適していると感じます。
　そんなこともあり、本書では相談援助職の業務は取り扱わないこととします。入所系サービス、通所系サービス、訪問系サービスにおいて、5～10数名程度で構成されたサービス提供チームを念頭に記載を進めます。

3. 福祉サービスチームの特徴

■ サービス提供チームの特徴

　地域包括ケアや地域共生社会への流れがチームに与える影響について考えてみましょう。

・**小規模化とチーム**
　チームは小規模化しています。ユニットは5名程度、通所やグループホームや小規模多機能は10名程度といったところでしょう。小規模化は意思疎通が図りやすく、互いの力量を補完しやすいと

いった利点があります。かかわる利用者も限定されますので、利用者の内面に深く向き合うこともできます。

　一方で、一人のメンバーがチームに及ぼす影響力も大きく、それによって課題が生じやすくなります。支援方法のちょっとした違いから亀裂が生じたり、たった一人の職員の異動でチームの成果が様変わりすることも日常茶飯事です。利用者の内面に深く向き合うことで職員の介護観や支援観の違いが浮き彫りになり、メンバー間で対立が生じやすくもなります。

　個別ケアが重視されているがゆえに、私たちはチームマネジメントを学ぶ必要があるのです。

・**地域化とチーム**

　住み慣れた地域で生活を継続できるような支援が重視され、利用者の家族や近隣住民とかかわる場面が増えつつあります。住民や家族が支援の一端を担ったり、利用者が地域活動に参加することも増えています。介護職や支援員にコミュニティソーシャルワーカーのような役割が求められることもあるでしょう。

　住民や家族がチームの一員に加わることや支援場面が地域に及ぶことは、チームに不確実性や緊張感をもたらしますが、異質性はチームに新しい知見や多角的に検討する機会を提供してくれます。チームを成長に導くチャンスとして歓迎する視点が大切です。

・**入所系／通所系と訪問系の違い**

　入所系サービスや通所系サービスでは、職員が場面と時間を共有しながら支援を展開します。ある職員の動きを見ながら、別の職員のサポートに入ることもあれば、大丈夫だなと判断し他の利用者の支援に入ることもあるでしょう。利用者同士の関係性を調整するような支援場面も数多くあります。

　これに対し、訪問系サービスでは利用者宅を一人で訪問し、支援を時間内に単独で完結させることが求められます。職員と利用者の関係は一対一が基本です。支援場面を他者に見られることもありま

せん。

　このように入所系／通所系サービスと訪問系サービスでは、支援の場、職務環境、サービス時間や手順に構造的な違いがあります。サービス種別を超えて異動した際に戸惑いを覚えるのは、チームの構造的な違いによるところも大きいのです。

■ タスクフォースを効果的に使う

　24時間365日にわたって滞りなく支援を続けながら、新たなことに挑戦するのは容易なことではありません。それもあり、福祉サービス組織は利用者と日々向き合うチーム（「サービスエンカウンターチーム」と呼びます）のほかに、チーム横断の委員会活動を設けることが一般的です。高齢介護分野であれば排泄ケア委員会、看取りケア委員会、環境整備委員会などが該当します。

　新しい支援をタスクフォース型のプロジェクトで検討を重ね、一定の成果が確認できた後に、チームに展開していくことも多いように感じます。期間を定めることで動きが活性化したり、テーマを限定することで外部から専門家（排泄ケアのスペシャリストや看取りに詳しい医師など）を入れやすくなります。

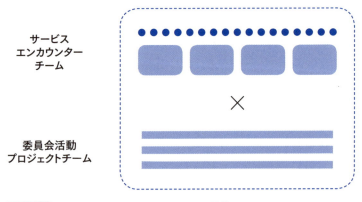

図1-④　ヒューマンサービスにおけるチームの特性

このようにチーム運営においては、タスクフォース型のプロジェクトを意図的に設けたり、短期に達成できるような明確な目標をポイントポイントでチームに入れ込むことが有効です。

4. 学習するチーム

■ 複雑な業務としての福祉サービス

図1-⑤をご覧ください。世の中の仕事はどんな仕事であっても、ルーチンの業務、複雑な業務、イノベーションの業務が組み合わさって構成されています。ただし、3つの業務の比率は仕事によって違います。組み立て工場のライン作業やファストフード店の接客業はルーチンの業務が大半を占め、起業家の仕事はイノベーションの業務の比重が高いといえます。左のルーチンの業務になるほど、その業務に関する知識は体系化され、知識としての成熟度は高まっていきます。

例えば、ファストフード店の仕事には、お客のオーダーを受けて商品を準備し、トレーに並べ、会計をし、商品を手渡すというルーチンの業務があります。このプロセスは成熟の域に達しているがゆえに、手順書で明確に定めることが可能であり、新人スタッフはこの手順書に沿って仕事を遂行します。

ところで、介護や福祉の仕事は、どの業務の比重が高いと思われますか。日々の支援は同じことの繰り返しに見えますから、単純労働でルーチンの業務だと世間は考えているようです。しかしながら、私たちは一人ひとりにあった支援を心がけています。その日の利用者の体調や意向によって支援のタイミングや内容は刻々と変化します。その場の状況や文脈を読み解き、臨機応変に対応することも求められます。医療のように治癒という明確なゴールは設定しづらく、それゆえ唯一絶対の正解はないため、利用者と職員の間で正

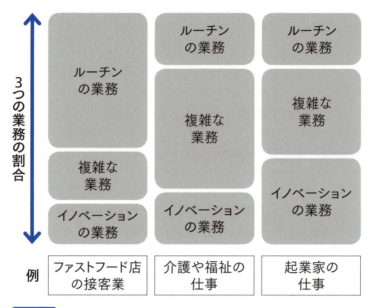

図1-⑤ 複雑な業務としての福祉サービス

解を共同で創り続けるという側面もあります。

　もう、お分かりいただけましたね。介護や福祉の仕事は、ルーチンの業務ではありません。複雑な業務が大半を占める仕事です。複雑な業務であるがゆえに、手順書だけでは業務を遂行することは困難です。

■ 学習するチーム

　こういった特性をもつ福祉や介護の支援現場において、チームは何を獲得すればよいのでしょうか。ルーチンの業務であれば、具体的にどういった行動をすればよいのかを獲得すればすみます。しかしながら、その場で判断が求められたり、臨機応変な対応が求められる複雑な業務では、行動をその場で微調整する必要があります。また、利用者の短期目標や長期目標に照らし合わせて、どこまで達

成できているかを評価し、次の支援を考える場面も多々あります。このような複雑な業務では、自分の頭で考えて対応するための思考方法を獲得することが必要です。

　排泄ケアを例に具体的に考えてみましょう。排泄介助のやり方を細かく示した手順書は、行動に焦点を当てたものです。羞恥心に配慮して速やかに排泄介助ができるスキルは、確かに大切です。しかし、手順書だけでは、排泄の自立に向けて水分と活動と食事をどのように調整すればよいのか、頻尿の診断と対策をどのように立てるか、これらを考えられるようにはなりません。

　排泄のメカニズムについての理論や知識を学ぶとともに、それらをどのように組み合わせて対策を立てるのか、その思考方法を獲得する必要があります。それによってはじめて、複雑な業務に対応することが可能となります。このような事実を踏まえ、考えるための手がかりになるようにマニュアルを作成している法人もあるほどです。

　繰り返しますが、行動様式を獲得するだけではチームは十分な成果を上げることはできません。思考方法を獲得しなければなりません。思考方法を獲得したうえで、学び続けるチームをつくることが私たちには求められているのです。

5. チームの発達段階とチーム運営の原則

■ タックマンモデル

　チームの発達段階として有名なのがタックマン（Tuckman, B. W.）モデルです。形成期、混乱期、統一期、機能期、散会期という５つの段階を踏みます。利用者の日々の支援にあたるチームには散会期という概念はなじみませんので、以下では形成期、混乱期、統一

期、機能期について説明します。

・**形成期**

　新規開設などで新たにチームを立ち上げる時、メンバーの入れ替えで再出発を図る時が該当します。メンバーはお互いのことをよく知らないので遠慮がちになります。この時期はメンバーを理解し、チームで目標を共有することに時間を割きます。率直なコミュニケーションを重ねることが、その後のチームの質を左右します。分からないことは分からない、知らないことは知らないと安心して表明できる雰囲気をつくりましょう。

・**混乱期**

　仕事の割り振りがなされ、お互いに補完しながら支援が進んでいくと、支援の方針ややり方について意見の対立や葛藤が生まれるようになります。対立の内容は手順や分担といったものから、支援観や介護観の違いに根差したものまでさまざまです。放っておくとメンバーの人間関係にまで影響を及ぼします。

　対立はチームが成長するために避けて通れないものです。向き合わずにやり過ごすことは好ましくありません。効果的に対処すれば結束力が高まり、価値観が共有され、支援の質が高まります。

・**統一期**

　混乱期を上手に乗り切れると統一期が訪れます。メンバーは結束し、協調して仕事に当たれるようになります。関係性も安定してきます。チームの規範のようなものも生まれてきます。

　冒頭のケースでは、些細(ささい)なことまで全員で相談して決めるAユニット、その日のリーダーと相談して決めていくBユニット、この2つのチームが描かれていました。これもチームの規範の1つです。有益な規範は伸ばし、好ましくない規範は見直します。

・**機能期**

　チームに一体感が生まれ、目標の達成に向けて力が結集されます。「私たちはチームになった！」と感じられる時期でもあります。

図1-⑥ タックマンモデル

　機能期を維持し続けることは簡単なことではありません。自分たちの支援を振り返る仕組みを構築し、学び続ける風土をつくることが大切です。タスクフォースを組み合わせたり、日々の支援とは異なる目標（外出支援や季節行事など）を入れ込みながら、職員のモチベーションを維持します。

　タックマンモデルは一方向の動きではありません。形成期と混乱期を行き来したり、機能期なのに停滞したムードが漂い、ただのグループに成り下がってしまうこともあります。また、利用者の支援を巡って一挙に対立が生じてしまうこともあります。福祉や介護は支援を巡って意見の食い違いが生じやすく成果も見えにくいため、ちょっとしたことでチームが揺らぐのです。チーム運営には相当の力量が求められます。

■ 学び続けるチームをつくるための基本原則

　学び続けるチームをつくるための基本原則は、以下の4点です。

・**率直に意見を言う**

　ミーティング、カンファレンス、支援の合間のちょっとした場面などで、誠実に話ができることを指します。疑問を投げかけたり、助けを求めたり、過ちをきちんと指摘したり、すばらしい行為を称賛することはもちろん、メンバーの意見に耳を傾けることも含みます。

・**協働する**

　メンバーの力量や場面の状況を理解したうえで、割り当てられた役割を超えて、補い合いながら仕事を進めることを指します。

・**試みる**

　複雑な業務は不確実性を伴うため、試みは一度で成功するとは限りません。一方で、利用者の安全は最優先事項です。具体的な支援に移す前に職員で試すなどして万全な体制を整えます。

・**省察する**

　支援内容とその結果について振り返りを行い、よかった点や問題点を明確にし、次の支援につなげることを指します。ミーティングやカンファレンスで振り返るのが一般的ですが、支援の最中に疑問を感じて即座に振り返ることもあります。福祉サービスは生産と消費がその場で同時になされるため、後で振り返るより、その場で振り返ることが効果的なことも多いからです。

6. ケース検討

本章で学んだことをケースで確認していきましょう。

> **ケース　自立支援に向けて　～機械浴から個浴へ～**
> 　有料老人ホームで生活相談員として働いていた時、機械浴から個浴への取り組み[1]を行った。入居者40名の平均要介護度は2.5で、そのうち8名が機械浴であった。

まず、介護のリーダー的存在である職員２名と看護師で、タスクフォース[2]で実施することとした。彼らの意見をベースに身体構造や座位保持、現病歴などを組み込んだアセスメントシートを開発し、評価を行った。異なる意見[3]も出されたが時間をかけて率直に話し合い[3]、８名中５名は個浴で対応可能と判断し、個浴を試してみることになった。入居者と家族に状況を説明し、４名の方から同意を得た。並行してそれぞれの入居者の援助方法を検討し、手順書を作成[4]した。まず、介護職として10年の経験がある私が援助を実行[4]することとなった。少々の修正は必要であったが、入浴後に入居者から「気持ちよかった」との言葉をいただいた。援助方法をいくつか修正し、２回目は２名のリーダーが援助を実行した。

　ケアカンファレンスにて状況を報告し、全職員へ援助方法を具体的に伝えることとなった。私は一歩引き、２名のリーダーが中心となって[5]技術を伝達した。入浴中に異変があった際の対応は看護師から説明がなされた。３回目からは教わった介護職がリーダーの見守りのもと[6]援助を行い、これを繰り返した。介護職は安心してチャレンジができた。

　取り組みから１か月後のモニタリング会議では、入居者より「機械浴より気持ちいい」「お風呂が怖かったが、安心できるようになった」など、前向きな言葉をいただいた。そのことを介護職たちに伝えると、とてもうれしそうであった。

　根拠に基づいて実践することは、職員の成長においてとても重要である。それを複数名で実践できれば、一人での実践よりも大きな成長が得られると思う。複数名での実践には目標の共有や助け合いが必要で時間も手間もかかるけれど、よい結果が得られた時はみんなで喜びを分かち合うことができる。そのことに、私は手ごたえを感じている。

このケースから以下のポイントを確認できます。

〔1〕 ☞ 機械浴から個浴へという明確な目標を設定している。
〔2〕 ☞ 利用者の日々の支援に当たるチームとは別にタスクフォースで取り組んでいる。
〔3〕 ☞ 異なる意見を出し合い、率直に話し合っている。
〔4〕 ☞ 個浴の手順書を作成するとともに、経験豊富な生活相談員が最初に援助を行い、利用者の安全性を担保している。
〔5〕 ☞ チームで展開するに当たって、生活相談員は一歩引き、リーダー介護職に役割を振り当てている。
〔6〕 ☞ 生活相談員、リーダー、一般介護職という順序で入浴支援を行うことで、職員が安心して挑戦できる雰囲気を確保している。

第 2 章

チームを
アセスメントする

　チームとしてうまくいっていないことは確かだけど、どこに原因があるか説明できない。そんなことはありませんか？
　第2章ではチームのアセスメントを学びます。チームの状態を客観的に評価できれば、効果的な介入方法を立案することができます。この一連の流れは、利用者のアセスメントを行い、ニーズを明らかにし、ケアプランを立案することと本質的には同じです。
　自分のチームを思い浮かべながら、読み進めてください。

ケース　気になる2つのチーム

　私は就労移行支援事業所を全国展開する法人で、エリアマネジャーとして勤務している。各事業所は管理者、サービス管理責任者、就労支援員数名の合計5〜6名程度の職員で構成されている。私には今、気になっている事業所が2つある。

　1つは、就労実績は抜群だが、チームとしては殺伐とした雰囲気のA事業所。管理者の女性が辣腕を振るっている。彼女は一般企業で10年働いた後、精神保健福祉士を取得して福祉分野に転職してきた。目標達成を前面に出して職員に対して細かく指示を出す。だから、利用者の就労は着実に決まっていく。けれど、メンバーは誰も彼女に意見が言えない。メンバー同士の支援観のちょっとした違いも修正されないため、メンバーの関係は徐々に悪くなり、職員のなかで派閥ができてしまった。あろうことか、今では利用者が職員の人間関係に振り回されている状態だ。

　もう1つは、就労実績はそこそこだが、チームとしての雰囲気はよいB事業所。影響力を積極的に行使する職員はおらず、ベテランも新人もフラットな関係を築いている。管理者は職員間の和を重視した対応を心がけており、それもあって職員の人間関係は良好である。ただ、良くも悪くも牧歌的で、「目標を達成する」という意識に乏しい。2年間の期間中に就労にいたる人は数えるほどだ。適切な支援をすれば半数以上は就労できたはずだ。

　この2つの事業所の状況を客観的に示す方法はないのだろうか。もしそういうものがあれば、それぞれの事業所に対して根拠をもって冷静にサポートすることができるかもしれない。さらには、エリアマネジャー同士で事業所支援の方法を共有することも可能かもしれない。

1. チームの質を測る指標

ケースでは 2 つの対照的なチームが描かれています。よくある場面です。このような時、チームの状態を客観的にアセスメントする指標があれば、感情的にならず根拠に基づいて冷静に話し合うことができます。チームの課題を関係者間で正しく共有できなければ、チームへの適切な介入方法を立案することはできません。チームのアセスメントを行うことがまず必要です。

チームをアセスメントするためには、チームを立体的に理解することが大切です。難しい説明が続きますが、お付き合いください。

■ ストラクチャー（構造）—プロセス（過程）—アウトカム（結果）

皆さんはドナベディアン（Donabedian, A.）のストラクチャー（構造）、プロセス（過程）、アウトカム（結果）という考え方をご存知でしょうか。

この考え方は医療や介護や福祉の質を測る枠組みとして、とても有名なものです。病院でのリハビリテーションを例にとると、ストラクチャーはスタッフ数やリハビリテーション空間を指し、プロセスはリハビリテーションの実施回数を指し、アウトカムは利用者のADLの向上を指します。この枠組みはチームの質を測る際にも活用されています。

・ **ストラクチャー（構造）**

個人変数、チーム変数、職務変数から構成されます。

個人変数とは、メンバーの力量や態度や性格を指します。チーム変数とは、チームの人数、新人からベテランまでの構成状況、単一職種か多職種かなどを指します。職務変数とは、仕事の特性、例えばメンバーが場面と時間を共有する入所系／通所系か、単独で行う訪問系か、冒頭のケースのように利用期間内に具体的な成果を出すことが求められている事業か否かなどを指します。

- **プロセス**（過程）

　行動的側面と認知的側面から構成されます。

　行動的側面とは、チームが具体的にどう動いているかを指し、「パフォーマンスの統制管理」と「円滑な人間関係のメンテナンス」から構成されます。認知的側面とは、メンバーがチームをどう認識しているかを指し、チーム効力感（自分たちは成し遂げられるという信念）などがあります。

- **アウトカム**（結果）

　仕事の成果とそれ以外の成果から構成されます。

　仕事の成果とは、利用者の短期目標や長期目標の達成や、支援の質の向上を指します。冒頭のケースであれば期間内に一般就労ができることや、就職先に定着することです。それ以外の成果とは職員の満足感、チームとしての一体感、学び続ける風土の定着を指します。

　ストラクチャー、プロセス、アウトカムのうち、チームを率いる皆さんが介入できるのはどこでしょうか。

　アウトカムは結果ですから、これそのものに介入することはできません。ストラクチャーとプロセスのどちらに介入しやすいでしょ

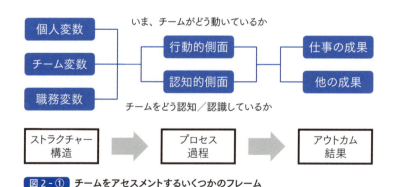

図2-①　チームをアセスメントするいくつかのフレーム

うか。介護主任や施設長であれば、人事異動やユニット規模の変更、仕事のやり方の大胆な見直しなどストラクチャーに介入する権限があります。しかしながら皆さんの多くはそこまでの権限は有していないでしょう。皆さんが介入できるのはプロセスということになります。

　先ほども述べましたが、プロセスは行動的側面と認知的側面から構成されます。認知的側面が結果を左右するのは、行動的側面が一定の質に達した後のことです。例えば、プロスポーツ選手が追い込まれても逆転して勝てるかどうかは、メンタルの強さで決まるといわれます。しかし、技術力（行動的側面）が伴わなければ、いくらメンタル（認知的側面）が強くても、勝つことはできません。技術力（行動的側面）を磨きあげているからこそ、メンタル（認知的側面）で決着がつくのです。

　つまり皆さんがまず介入すべきは、プロセスにおける行動的側面ということになります。

2. チームのアセスメント

■ 行動的側面からみたチーム

　皆さんが介入すべきプロセスの行動的側面は、「パフォーマンスの統制管理」と「円滑な人間関係のメンテナンス」から構成されます。

・**パフォーマンスの統制管理**
　パフォーマンスの統制管理とは、仕事上の課題に直接かかわる行動を指し、業務完遂のための準備、業務遂行状況の査定、業務に関する協働、チームの適応・調整行動の4つから構成されます。
　業務完遂のための準備は目標にかかわるものです。業務遂行状況の査定はモニタリングやPDCAサイクルのチェックに該当します。

この2つはパフォーマンスのなかでも仕事そのものという感じが強いかと思います。

一方、業務に関する協働とは協調・協同・情報交換を指し、いわゆる報連相（報告・連絡・相談）を通じた取り組みです。チームの適応・調整行動はコーチングやバックアップ行動や対立解消を指します。

・ 円滑な人間関係のメンテナンス

円滑な人間関係のメンテナンスとは、メンバー相互の円滑な人間関係を保つための行動を指し、精神的サポートと葛藤の調整・処理の2つから構成されます。

具体的には、新人の精神的サポート、メンバーの気持ちの行き違いや不満を上手に処理することなどです。人間関係のメンテナンスが適切に行われていると、チームの適応・調整行動もうまくいきやすいことは感覚的にも理解できるかと思います。

■ チームのアセスメント表

チーム研究の世界的権威であるウェスト（West, M. A.）が、チーム

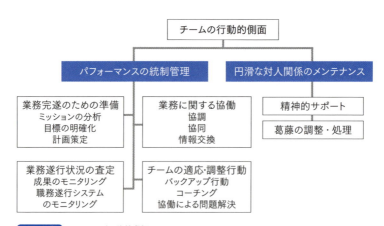

図2-② チームの行動的側面

出典：山口裕幸編『コンピテンシーとチーム・マネジメントの心理学』朝倉書店, 2009, 73頁を一部改変

のアセスメントシート（振り返りのための質問紙）（図2-③）を開発しています。このシートを活用すると、チームの状態を客観的に測ることができます。

アセスメント項目はタスクと社会性に分かれ、それぞれ8項目から構成されています。各8項目に目を通してみると、タスクが図2-②の業務完遂のための準備、業務遂行状況の査定、業務に関する協働に相当し、社会性が図2-②の精神的サポート、葛藤の調整・処理、チームの適応・調整行動に相当することが分かります。

アセスメントの具体的な手順は以下のとおりです。まず、自分の所属しているチームを思い浮かべ、項目毎に「とても当てはまる」7点〜「全く当てはまらない」1点のどこに位置するかをチェックしてください。次いで、タスクの8項目の合計点と社会性の8項目の合計点をそれぞれ算出します。

合計点を出すと、チームにおけるタスクと社会性のバランスが分かります。

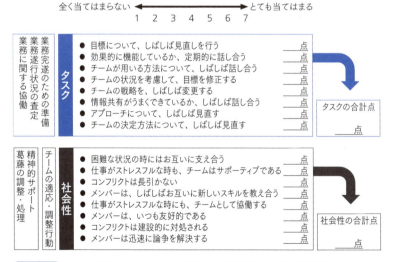

図2-③　チームのアセスメントシート（チームの振り返りのための質問紙）

このシートは福祉や介護を想定したものではないので、戸惑う部分もあります。特に注意してほしいのは、タスクにある「目標」や「戦略」の意味合いです。個別支援計画に記載されている目標ではなく、「新人をサポートしながら、暮らしの場をつくる」とか、「在宅復帰率を〇％にする」とか、「今月は個浴を推進する」とか、そういったチーム全体の目標があり、それが共有されているかで判断してください。

■ チームの4つのタイプ

　タスクの点数と社会性の点数の組み合わせによって、チームは4つのタイプに分類することができます。図2-④を見ながら、自分のチームのタイプを確認してください。

・**弾力的なチーム**（タスク：高　社会性：高）

　タスクも社会性も高いチームです。チームとして高い機能を発揮しています。

・**自己満足なチーム**（タスク：低　社会性：高）

　社会性は高いものの、タスクは低いチームです。人間関係はよいのですが、成果に向けて話し合うことが足りません。冒頭のケースでいえばB事業所に該当します。入所系／通所系のチームは、しばしばここに位置するので要注意です。

・**駆り立てられたチーム**（タスク：高　社会性：低）

　タスクは高いものの、社会性は低いチームです。成果は出せているのですが、良好な人間関係とはいえません。冒頭のケースでいえばA事業所に該当します。目標設定がしやすい事業所、例えば在宅復帰に注力する介護老人保健施設、就労移行支援事業所などはここに陥りがちです。

・**機能不全チーム**（タスク：低　社会性：低）

　タスクも社会性も低いチームです。根本的な介入が必要です。

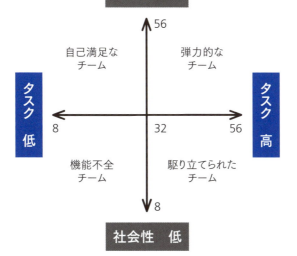

図2-④ チームの4つのタイプ

出典：マイケル A. ウェスト著, 下山晴彦監, 髙橋美保訳『チームワークの心理学』東京大学出版会, 2014, 9頁

■ チームへの介入方法

・「自己満足なチーム」への介入方法

　目標が共有されているかを確認したうえで、小さな成功体験を積みながら弾力的なチームを目指します。入所系／通所系チームの場合、明瞭な目標を意図的に掲げたり、タスクフォースを活用することも有効です。「チームとして目標に向かって仕事を進めているか」と常に振り返ることが大切です。

・「駆り立てられたチーム」への介入方法

　チームとして成果を追求すること、職員の満足感やチームとしての一体感をも重視することをまず確認します。そのうえで、メンバー間の声かけと相互理解に努めます。「メンバー同士、常に助け合って仕事を進めているか」と振り返ることが大切です。

- **「機能不全チーム」への介入方法**

　介入が最も必要なのが機能不全チームです。リーダーだけでなく、介護主任やエリアマネジャーの力を借りながら立て直しを図ることも視野に入れます。

　機能不全チームが弾力的なチームに至る方法には、「自己満足なチームを経由して弾力的なチームに至るルート」と「駆り立てられたチームを経由して弾力的なチームに至るルート」の2つがあります。どちらのルートを通るのが一般的だと思われますか？

　入所系／通所系チームの場合、「自己満足なチームを経由して弾力的なチームに至るルート」が多いと感じます。良好な人間関係とサポート体制を構築した後に、タスクに取り組むということです。訪問系と異なり、いつまでに○○をするという具体的な目標を設定しにくいうえに複数職員で支援にあたる場面が多いため、支援観や介護観の微妙な違いを調整する必要があるためと推察されます。

3. メンバーのアセスメント

　チームを効果的に動かしていくためには、チームを構成するメンバーについて知ることも必要です。

■ 役割理論

　効果的なチームでは、以下に述べる9つの役割がメンバーによって担われているといいます。まとめ役、形作る人、種まく人、調査者、実行する人、管理評価者、チームのために働く人、完成させる人、専門家の9つです。一人が複数の役割を担うこともありますし、同じ役割を複数の人が担うこともあります。

　皆さんのチームにおいて、メンバーが誰も担っていない役割はありませんか？　もしあるならば、その役割を誰かが担うことが必要です。メンバーでそのことを共有して、対策をたててください。

まとめ役	方向づけるリーダー、受容的で支配的で信頼される。
形作る人	タスクに焦点を当てたリーダー。
種まく人	革新的なアプローチをする。大きな問題に関心。
調査者	他者のアイデアを取り上げ、発展させる。
実行する人	実践的で実務的な仕事を着実に行う。
管理評価者	判断力があり、公正に重要な決定をする。
チームのために働く人	摩擦を避けるための仲介をする。
完成させる人	細部にこだわり、コツコツと完成させる。
専門家	チームにない知識や技術を提供。

図2-⑤ チームにおける役割理論

　誰かに役割が集中しすぎていることはありませんか？　過度な負担がかかっていないか見極めてください。
　役割が1つもないメンバーはいませんか？　疎外感を覚えているかもしれません。やる気がなくなっているかもしれません。
　この役割理論を使って議論すると、福祉や介護では実行する人が多い、種まく人が少ない、管理評価者は根拠に詳しく勉強熱心などの意見が出されるかもしれません。新人を種まく人と捉えることが大事との見解もあるでしょう。

■ 同質性と異質性

　皆さんの所属しているチームは同質性に満ちていますか？　それとも異質性に満ちていますか？
　同じような考え方や価値観をもつ同質なチームでは阿吽（あうん）の呼吸が通じ、意思決定は速やかに行われ、安心感もあります。しかしながら、そういったチームは新しいことを生み出すのは苦手です。一方、考え方や価値観が異なる人たちで構成されたチームは合意形成に時間がかかりますが、多角的な検討ができるというメリットがあ

図2-⑥ 同質性と異質性

ります。同質性と異質性のバランスが大切ということでしょう。

　チームが同一職種で構成されているか否かは、同質性や異質性を大きく左右します。介護職が中心となって構成される特別養護老人ホーム、介護職と看護職の割合がほぼ同じである介護老人保健施設、両者の違いはここにあります。冒頭のケースのように一般企業経験者と福祉職から構成される就労系サービスも、異質性が高いチームであることが多いようです。

■ チームワークのための知識・スキル・態度

　効果的なチームをつくるために、メンバーには個人としての力量を上げることに加えて、チームづくりに貢献できるような知識やスキルや態度を獲得することが求められています。対話する力、傾聴する力、忍耐力、利他性、協調性、信頼関係の構築方法、対立への対処方法などです。

　これらをまとめた指標が開発されています。図2-⑦をご覧ください。各設問に答えることで、自分に不足している点を特定できますし、同僚と評価し合うことで自分を客観的にみることもできます。是非、チェックしてみてください。

	とても多い	とても少ない

A：コミュニケーション

① コミュニケーションのためのネットワークを理解し活用しています。それによって同僚ときちんと連絡をとっています　□　□
② 開放的でサポーティブな会話をします　□　□
③ 積極的かつ評価をせずに、相手の話を聞きます　□　□
④ 言葉と非言語の行動が一致しています　□　□
⑤ 温かい挨拶と同僚とのちょっとした会話を大事にし、実際にそうしています　□　□

B：目標設定とパフォーマンスマネジメント

① 明確で挑戦的なチームの目標を設定するよう援助しています　□　□
② チームやメンバーの成果をきちんと把握し、サポーティブなフィードバックをします　□　□

C：計画と調整

① メンバー間の活動や情報、協働作業の調整を手助けします　□　□
② チームメンバーの業務や役割を明確にし、業務負担のバランスをとっています　□　□
③ チームメンバーからのフィードバックに積極的かつ柔軟に応えています　□　□

D：協働的な問題解決

① すべてのメンバーの参加のもとで意思決定するべき問題を特定しています　□　□
② 意思決定の際に、メンバーを適切なやり方で巻き込むようにしています　□　□
③ チームにおけるイノベーションのための提案を探求し、それを支持します　□　□

E：コンフリクト解決

① 望まざる対立を思い留まらせます　□　□
② 交渉の際には、勝敗がつく戦略よりも双方にメリットが生じる方略を用います　□　□
③ 対立の種類や原因が分かっており、その解決や軽減のために適切な戦略を用います　□　□

図2-⑦　**チームワークのための知識とスキルと態度のチェック表**

出典：マイケル A. ウェスト著、下山晴彦監、高橋美保訳『チームワークの心理学』東京大学出版会, 2014, 68-69頁

4. ケース検討

本章で学んだことをケースで確認していきましょう。

> **ケース　根拠をもってメンバーで冷静に話し合う**
>
> 　私は、訪問介護と居宅と通所から構成されるA拠点で拠点長をしている。訪問介護は管理者、サービス提供責任者（以下、サ責）2名、パートヘルパー4名、登録ヘルパー12名で構成されている。今春、管理者として特別養護老人ホームの経験が長いAさん（男性）が着任した。
>
> 　半年が過ぎたころ、「管理者」対「サ責＋ヘルパー」という対立構造になっていることに気がつき、管理者とサ責と私の4名でミーティングをもつこととなった。
>
> 　まず、チームの生成過程を示し、自分たちが混乱期にあることを確認した[1]。そのうえで、ウェストが開発したシートを用いてチームのアセスメントを行ってもらった[2]。管理者は駆り立てられたチーム、サ責は自己満足なチームと見解が分かれた[3]。
>
> 　管理者は「半年たち管理者の仕事ができるようになり、目標に向けて取り組めている。判断も一人でできるようになってきた。ただ、スタッフとのコミュニケーションがうまくいっていない」と感じていた。サ責たちは「管理者が仕事を抱え込んでいて進捗が分からない。ヘルパーの雰囲気はよく、助け合いながら仕事ができている」と感じていた。
>
> 　私はこのギャップがどこからくるのか、冷静に話し合うようファシリテートした。
>
> 　管理者は、忙しいスタッフに仕事をふるのは申し訳ないと感じていたこと、自分だけが男性であるため声をかけづらいこと、施設と在宅で職場の雰囲気が違いスタッフのおしゃべりが

私語なのか相談なのか判断が難しいことを率直に述べた [4]。
　スタッフは、管理者が何を考えているのか分からないこと、仕事を抱え込みすぎであること、進捗が分からないこと、役割分担や指示が欲しいことを正直に述べた [4]。
　話し合いの結果、弾力的なチームに向けて、管理者は①仕事の内容を可視化し役割分担を考える、②訪問から帰ってきたヘルパーに声をかける、③気づいたことを言葉にしてみる、こととなった。スタッフは①積極的に管理者に声をかける、②管理者とヘルパーが話しやすい雰囲気をつくる、③目標の進捗を一緒に確認する、こととなった [5]。
　シートを用いてアセスメントしたことで、冷静に話し合うことができた。お互いの考えを率直に意見交換することもできた。話があちこちに飛ぶこともなかった。来週の管理職会議でこのシートの有効性を共有しようと思っている。

このケースから以下のポイントを確認できます。

[1] ☞ チームの生成過程を示して混乱期にあることを確認した。
[2] ☞ チームのアセスメントシートを活用して、管理者とサ責の双方で評価を行った。
[3] ☞ チームのタイプとしてみた時に、見解が分かれていることを共有した。
[4] ☞ 管理職とサ責は思っていることを互いに率直に述べた。
[5] ☞ 弾力的なチームに向けて、管理者とスタッフが何をすべきかをそれぞれ具体的に抽出して、共有した。

第 II 部

人を育てる
リーダーの条件

チーム運営ではリーダーの役割はとても大切です。
第II部ではリーダーシップについて学びます。
力強く引っ張るだけがリーダーではありません。
自分にあったリーダーシップを見つけてください。

第 3 章

大人の学び方を知る

　介護や福祉を取り巻く状況は常に変化をしているため、最新の知識と技術を獲得し続けなければなりません。
　私たち社会人は現場で仕事をしながら学んでおり、学び方は学生時代と異なります。
　第3章では、大人の学習法について学びます。大人と子どもでは学びのプロセスが異なることを知り、社会人や専門職がどのように知識を獲得し、活用するのか理解することが、人材育成に役立ちます。

ケース　褥瘡の勉強会

　私は特別養護老人ホームの介護職として6年目を迎えた。

　年々入所者の高齢化と重度化が進み、寝たきりの方が多くなってきた。人事異動で介護スタッフが変わり、現場がバタバタしていることは確かだが、それにしても、1週間で褥瘡（床ずれ）が2例も見つかったことに危機感を感じずにはいられなかった。1例はすぐに治癒したが、もう1例は処置が続いている。

　この現状を何とかしたいと思い、私は褥瘡ケアの講習会に参加した。実際に講習を受けてみると、最新の知識に驚き、自施設が時代遅れの褥瘡ケアを行っていることに気づいた。

　私は学んだことをスタッフに伝えたいと思い、自主勉強会を企画した。

　勉強会は平日の夕方に30分の枠組みで行うことにした。20分が講義で、残り10分は質疑応答の予定であった。

　所属する介護職25名中、参加者はわずか7名で、講義を始めると10分もしないうちに4名はウトウトし始めた。これはまずい、と熱弁をふるった結果、講義だけで30分を超えてしまった。

　質疑応答では褥瘡の処置を担当しているベテラン看護師から、新しいやり方のエビデンスが定かでないことや、自分の処置が経験に基づくものであると反論された。場が凍りつくなかで勉強会を終了した。

1. 大人の学び方

■ 講義は忘れられる

　私たちは学生時代に学校の授業で、教師の説明を聴き、教科書の内容を理解することに努めました。また、繰り返し問題を解いたり、関連付けて記憶をするなど、さまざまな方法を使って知識を獲得してきました。

　こうして育った私たちが教え手となると、学生時代を思い出し、講義調に勉強会を進めたくなるものです。これは一種の刷り込みで、冒頭のケースでこの方法がとられたことは、むしろ自然な流れなのかもしれません。しかし、興味のある分野ならともかく、聞き手からすると、30分も一方的に話されたら睡魔に襲われるでしょう。

　ここで、エビングハウス（Ebbinghaus, H.）の忘却曲線を紹介しましょう。エビングハウスはドイツの心理学者で、記憶研究の第一人者です。彼の実験によれば、記憶した知識は20分後に42％、1時間後に56％、1日後には74％、1週間後には77％、忘れるというのです。これをグラフ化したものを忘却曲線と呼びます（図3-①）。

　人の話を聞いて理解したつもりでも、直後に半分以上忘れてしまうのです。エビングハウスの実験は1885年に発表され、心理学では古典的な研究ですが、学習塾からビジネスの分野まで現在もなおよく引用されています。

　忘却曲線から分かることは、人間は忘れっぽく、講義形式の学習支援もまた、その場限りで忘れ去られる可能性があるということです。

　一方で、私たちが現場で対応する方々は、高齢者、障害者、児童など身体や心が病み、社会的にも弱い立場の人たちです。褥瘡ケアしかり、転倒予防しかり、その時代で最良の対応を実践できなけれ

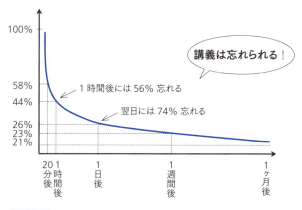

図3-① エビングハウスの忘却曲線
出典：Ebbinghaus H.(1885), Memory：Contribution to Experimental Psychology. Columbia University. を一部改変

ば、当事者に不利益が生じるばかりか、専門職や機関が社会的に罰せられることもあるでしょう。

忘れた、では許されない場面も多々ある現場でもあります。したがって、私たちは生涯、学び続ける必要があります。

■ 成人学習論

では、私たち大人はどのように学び、成長するのでしょうか？

読者の多くが、仕事をするなかで必要にかられて知識を蓄え、試行錯誤しながら新しい技を身につけているのだと思います。私たち大人は、学校ではなく仕事場で学び、子どもの頃とは異なるプロセスで学習しています。現場では「仕事を覚える」という表現をしますが、このプロセスこそが大人の学習法なのです。

マルコム・ノウルズ（Knowles, MS.）が確立した「成人学習論」に、大人の学び方に関する知見を見つけることができます。

ノウルズによれば、大人の学び方には4つの柱があります。

- 第1の柱：課題や問題に基づく

　第1の柱は、大人の学びは課題や問題に基づくということです。例えば、認知症で徘徊する利用者への対応をどうすべきか、ネグレクトを思わせる家族へどう対応するか、デイサービスの利用者拡大に向けて打つ手は、等々、現場は課題の山です。目の前の課題を克服したい、そのような思いにかられ、大人は学ぼうと決意します。

- 第2の柱：過去の経験が学習資源となる

　第2の柱は、経験です。大人は仕事でも人生でもたくさんの経験を積んでいます。この経験が学びと大きく関係してきます。

　例えば、小柄な先輩がいとも簡単に大男の体位変換を行う姿を目の当たりにし、力任せの自分の技術を振り返り、技を磨こうとする介護福祉士。立て続けに65歳障害者問題の事例にかかわり、介護保険の知識だけではどうにもならないことに気づき、福祉を勉強すると決めたケアマネジャー……。彼らは、これまで経験しなかった現実と向き合ったことがきっかけで、「学ばなければ」と一歩を踏み出すのです。

- 第3の柱：自立した学習者である

　第3の柱は、成人は自立した学習者であるということです。これは、大人が学ぶと決めたなら、どこでどう学ぶかを自分で探し、考え、行動することを意味します。

　例えば、専門書を読む、テレビやラジオ講座の受講をはじめる、YouTubeなどの動画で自由な時間に学ぶ、研修会に足を運ぶ、専門職大学院へ入学する、等々、周囲が黙っていても、本人がその気になれば能動的に行動します。

- 第4の柱：学習の準備性は人生の状況に応じて生じる

　第4の柱は、学習の準備性は人生の状況に応じて生じることです。準備性とは心理学の専門用語「レディネス（readiness）」のことで、心の準備や環境が整うことです。

　例えば、夜勤がなく時間的余裕のある事業所に配属になった期間

①　成人の学びは課題や問題に基づく
②　過去の経験が学習資源となる
③　成人は自立した学習者である
④　学習の準備性は人生の状況に応じて生じる

図3-②　大人の学び—4つの柱
出典：Knowles M. S.(1980), The Modern Practice of Adult Education: from Pedagogy to Andoragogy 2nd ed. を一部改変

に、実践の幅を広げるために社会福祉士の資格を取ろうと通信教育をはじめる。介護職として15年頑張ってきたが、家族に障害者がおり、いっそのこと自分でヘルパーステーションを設立しようと思い、起業のためにビジネススクールに通うことにした等です。

■ P-MARGE

成人学習論の4つの柱のほかにも、大人の学び方の特徴を示したのがP-MARGEです。図3-③に示したように、キーワードの頭文字を並べてP-MARGEと表記して、「ピーマージ」と読みます。

部下の育成をする時に、P-MARGEを刺激するよう心がけましょう。4つの柱と重なる部分が多いので、前記とは別の表現で解説します。

・Practical（実用的）

PはPractical（実用的）です。大人は「使える」「身になる」「利益になる」ものを学びたいと思っています。言い換えれば、獲得したい知識や技術や態度は、実践に使えるもの、報酬につながるもの、自分や目の前の利用者のためになるものなのです。

上司の立場から考えれば、このような実用的な内容を提示することが、専門職の興味をひくことにつながります。

- **Motivation（動機）**

　Mは Motivation（動機）を意味します。大人には「学ぶ」という行動に移すための動機が必要だということです。動機がなければ、わざわざお金を払ってまで学ぼうとはしません。冒頭のケースからは、施設の褥瘡ケアを何とかしたいという強い動機が感じられます。

　また、Motivation には「やる気」の意味もありますから、やる気にさせるような教材もしくは学習資源を使うことも大事です。

- **Autonomous（自律的）**

　Aは Autonomous（自律的）を意味します。子どもが教師の言われた通りに学ぶことに対して、大人は、自発的に、もっと砕けた表現にすると、勝手に学び始めます。

　学習態度は、子どもが受動的なのに対し、大人は能動的なのです。大人は自分で学習材料や手法を探求するので、支援者はそこを手助けするとよいでしょう。

- **Relevancy（関連性）**

　Rは Relevancy（関連性）のことです。PやMとも関係がありますが、仕事上の課題などと関連がなければ、大人は学ぼうとはしませ

```
P：Practical（実用的）
　「使える」「身になる」「利益になる」ものを学びたい
M：Motivation（動機）
　何か解決したいなど、学ぶ動機がある
A：Autonomous（自律的）
　言われなくても、必要があれば自分で学ぶ
R：Relevancy（関連性）
　仕事や趣味などやりたいことと関連性がある
G：Goal-oriented（目的指向性）
　何のために学ぶか、という意志が明確
E：Experience（経験）
　これまでの経験が学習資源となる
```

図3-③　P-MARGE

出典：図3-②に同じ

ん。そのような大人の欲求をかなえるような、例えば冒頭のケースを振り返れば、現場の事例の課題を共有する時間を設けることが必要でした。このことは、次に述べる G や E とも重なります。

・ **Goal-oriented**（目的指向性）

ここまでの記述から想像できるかと思いますが、大人の学びは問題解決的であったり、目的指向的です。それが Goal-oriented（目的指向性）の G となります。つまり現場で専門職を育てる際には、問題解決を中心としたプログラムを組み立てると効果的であることを意味しています。

・ **Experience**（経験）

E は Experience（経験）です。大人にとっては、経験が最も重要な学習資源となり得ることを是非おさえておいてください。経験を振り返りながら新しい知識や技術を獲得していくプロセスは、大人と子どもの大きな違いです。

70/20/10 の法則（70/20/10 learning model）と呼ばれる米国の調査結果が、ここに関係するので紹介します。この経営幹部を対象に行われた調査は、成長に何が役立ったか尋ねたもので、70％は経験、20％

図3-④ 70/20/10 learning model

が他者からのフィードバック、10％が研修会など公式な学習方法でした。つまりリーダーシップを発揮している人々は、経験から最もたくさんのことを学んだことが分かりました（図3-④）。

　成人学習論で論じられた4つの柱やP–MARGEを心に留めておくと、人材育成を行ううえで大変参考になります。

2. 現場で学び、現場で成長

　70/20/10の法則をもう少しかみ砕くと、職業人の学びの70％が現場経験、20％が現場における上司や同僚からのフィードバックであることが分かります。つまり、職業人の学びの90％が現場でなされているということに注目してほしいのです。

　学ぶ場所は学校でも研修会でもなく、現場なのです。現場で学ぶことをワークプレイスラーニング（workplace learning）と呼び、現場で仕事を覚えること自体を学習していると捉えていきましょう。

　ワークプレイスラーニングを活性化させる仕組みを皆さんの職場にどう構築していくかが、よい人材を育てるポイントとなります。現場には「教師」と呼ばれる教育の専門家は通常いませんが、現場を熟知する上司や先輩にあたる方々はたくさんいます。先輩が理論を交えながら自らの経験を踏まえて後輩の成長の支援をする、そのようなOJT（On-the-job training）の文化が当たり前のように育まれることが組織の成長につながります。

■ 学習モデル

　ワークプレイスラーニングを実践するには、学習モデルという考え方を知っておくと、現場学習の全体像を把握することができます。学習モデルは学習様式のことですが、ここでは、①学習転移モデル、②経験学習モデル、③批判モデル、④正統的周辺参加モデルという4つの学習モデルを紹介します。

①学習転移モデル：Learning transfer model

　学習転移モデルは、講義形式で教師が生徒に教えるという、私たちが小学生の頃から最も慣れ親しんだ授業のスタイルです。

　教師が使う一般的な教材は教科書ですが、教科書の文章というものは先人たちが研究して明らかとなった成果の集合体として書かれています。つまり、学者による知識創造の集大成が教科書といえます。こうして出来上がった教科書に基づいて、教師が生徒に教えていきます。

　この教えるという作業を客観的にみると、教師から学習者への知識伝達であり、このプロセスを繰り返して学習者は知識獲得を積み重ねていきます。

　では、獲得した知識の現場での応用についてはどうでしょう。そこまではなかなか教師は教えてくれません。したがって、新しく獲得した知識を実践に応用できるか否かは学習者次第ということになります。学習転移モデルを図式化すると図3-⑤のように直線的なモデルとなります。

　多くの実践家が現場に出てしばらくすると、獲得した知識だけで

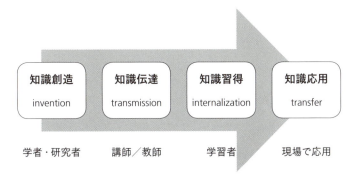

図3-⑤ 学習転移モデル Learning transfer model
出典：Lave, J. "Lecture at connecting learning and critique conference" The learning & Critique Net work, UMIST Manchester, 2000.

は問題解決できないことに気が付かされます。現場の目の前の利用者の問題は、教科書に挙げられているようなシンプルなものではなく、さまざまな事柄が複雑に絡み合っており、なおかつ変化します。そのため、多角的な視点で考え、多面的に対応していかねばならず、教科書や授業で学んだことだけではどうしても限界があります。と、このように書くと著者が学習転移モデルを否定しているかのようですが、そうではありません。

　学習転移モデルは基本的な理論を教えたり、一挙にたくさんの情報を伝えたり効率よく整理できる重要な様式です。

　私たちは学生時代に学習転移モデルによって基本的な知識を獲得したことで、やっと現場に立てた、スタートラインに立てた、と考えるとよいでしょう。そして、この後に示す3つのモデルと上手に組み合わせていけば、大人の学び方の特徴とうまくかみ合えば、より効果的に使えるのです。

②経験学習モデル：Experimental learning model

　経験学習モデルは1980年代後半よりビジネス界で脚光を浴びました。その後さまざまな分野で注目され、21世紀になって介護や福祉の分野にも広まってきました。

　従来の学習転移モデルが知識獲得を目標にしていることに対して、経験学習モデルは現場的かつ実践的です。この学習観は、受動的に知識を与えられることではなく、自らの経験から独自の知見を紡ぎだすことにあります。具体的には図3-⑥のような経験・省察・概念化・実践という4つのステップを循環させることで、経験を学びに変えるプロセスです。

・第1ステップ：経験

　第1のステップは経験です。学びのきっかけとなる経験は、感情と深く関係しています。ミスをして泣きたい、うまくいかずもどかしい、よく分からないけれど成功してうれしい、このような感情です。そこで、図3-⑥の経験の部分にはFeelingという文言が入って

図3-⑥ 経験学習モデル Experimental learning model

います。これまで経験したことがない問題に直面した、これまでの知識ではどうにもならない、そのような時に私たちは心を揺さぶられるのです。

・第2ステップ：省察（振り返り）

　第2のステップは、その経験を振り返ることです。自分のとった行動を振り返り、よかったのかわるかったのか深く考えることを「省察（しょうさつ）」といいます。英語の reflection のことです。これは、「省察」や「内省」と訳されますが、詳細は第7章（p. 107）で詳しく述べます。省察の材料として最新の文献に当たったり、古典（教科書）に立ち戻ったり、似たような経験の記録を探したりします。このステップは経験を深く見つめなおすという意味で、図3-⑥には Watching としています。

・第3ステップ：概念化

　第3のステップは概念化といい、マイセオリーを紡ぎ出す作業です。文献や類推経験と今回の状況を照らし合わせるなかで、絞り出されるような形で見えてきたものがマイセオリーとなります。

まさにモヤモヤして言葉になっていない暗黙知が形式知となるプロセスです。ここは、よく考えて生み出すステップとなりますので、図3-⑥には Thinking と記しました。

・第4ステップ：実践

　第4のステップは、マイセオリーを実践してみることです。うまくいったら、より質を高めるために、そしてうまくいかなければ、何がいけなかったのかを究明するために、2周目のサイクルに突入していきます。

　ここでの発見は、一般化できなくてもかまいません。皆さんの現場で役立てばよいのです。重要なことは、第2ステップだけではなくすべてのステップにおいて省察の姿勢が必要だということです。また、このサイクルのどこかで他者の意見が入ると、主観的なものから客観的なマイセオリーとなります。そうすることで、職人芸から組織全体で共有できる技となり、組織全体の質が向上します。つまり、対話することがとても大事だということです。

③批判的学習モデル：Critical thinking model

　自分たちの行動や考え方は適切だったかという視点で振り返り、学習する様式を批判的学習モデルと呼びます。

　ここでポイントとなるのが、振り返る際に、批判的思考（Critical thinking）を行うことです。批判的思考は、他者に向けて批判するのではなく、自分に向けて行います。したがって、一人で行うのは難しいですし、自己批判ですから苦しい作業となります。そのため、他者から気づかされて学ぶというプロセスが重要となります。つまり、批判的思考には対話が必須なのです。

　経験学習モデルとも重なりますが、省察、批判的思考、対話を重要視したモデルといえます。

④正統的周辺参加モデル：Legitimate peripheral participation model

　成人学習論でもふれましたが、学校や研修などフォーマルなプロ

グラムだけではなく、現場で仕事をすること自体が「学習している」と捉えてみようという考え方が本章の根底に流れています。

　職場に足を運んで、ノルマを果たし、さまざまな経験をするなかで気づいたり学んだりしながら職業人は成長していく、という考え方です。

　誰でも最初は雑用しかやらせてもらえませんが、徐々に仕事を任され、数年もすると職場の中心的存在に成長していきます。これが正統的周辺参加モデルです。「周辺的」な仕事から「中心的」な仕事へ移行していく、という意味です。時には、左遷とも思えるような別の部署への配属もまた仕事の糧となります。別の部署で仕事をしたことで、これまでの自分の仕事の意味を認識できたり、組織の全体像が把握できたり、たくさんの学びがあるものです。これを正統的周辺参加のプロセスのなかで「越境学習」と呼びます。

　組織内の縦割り構造を打破するため、各部門からの混合チームを編成し、作業に当たる。いわゆるクロスセクショナル・チームも越境学習に関連します。

　例えば、特別養護老人ホームで多職種による褥瘡チームなどはこれに当たるでしょう。正統的周辺参加の登場により、人材育成の視点は「教育」という教え手が上から目線となりがちな関係から、学習者を主体として教え手も学び手も相互に学び合おうとする対等な立場へと変化していきました。

　以上、4つの学習モデルを紹介しました。経験学習モデル、批判的学習モデル、正統的周辺参加モデルは現場で学び成長する学習様式です。つまり、大人特有の学習モデルということになります。

　ここに学習転移モデルを効果的にどう取り入れるかが鍵となります。90/20/8の法則が参考になります。授業や勉強会は90分で休憩を、一方向的な話は20分が限界、8分毎に参加者が参画できる仕掛けづくりを、というものです。

ですので、講義は20分以内におさえてということです。さらにはP-MARGEを活用するとよいでしょう。例えば、あなたの現場で経験した事例を学習資源とした問題解決型の勉強会を設定するなどで参加者の興味をひき、スタッフの考えや行動に変化をもたらすことができるかもしれません。そのためには、グループ学習の機会を設け、省察、批判的学習、対話などが大事になってきます。

3. ケース検討

本章で学んだことをケースで確認していきましょう。

> **ケース　事例検討会を開催した**
>
> 佐藤は特別養護老人ホームの介護職として8年目を迎えた。年々入所者の重度化が進み、寝たきりの方が多い。そのような折、二人の利用者から褥瘡が発生した[1][2]。新人スタッフ2名が入ったばかりということも、ケアに徹底できなかった原因かもしれない。
>
> これを機に、新人の育成も兼ねて、褥瘡の最新情報をフロア内で学び、共有したいと思った[2]。
>
> 佐藤は施設内の褥瘡対策委員会に働きかけたところ、同委員会の活動の一環として勉強会を開催できることになった。勉強会は60分とし、今回の2事例について事例検討会を行うこととした[2][3]。
>
> これらの事例にかかわった長谷川と鈴木から5分ずつ経過報告が行われ、なぜ褥瘡が発生したのか各グループで振り返りを行った[4]。
>
> 現場で褥瘡ケアの方針を決めている田中看護師に、最新の褥瘡ケアについて10分のミニレクチャーをお願いした。レクチャー後に今後のフロアですべきことを各グループで考え、提

案してもらうこととした[4]。
　事例検討会には介護職25名中18名が参加し、関心の高さをうかがわせた。事例を振り返り、最新の知識を踏まえて対話したことで、今後の褥瘡対策としていくつかの取り組みを試していくこととなった。
　佐藤は今回のことがきっかけで、来年度より褥瘡対策委員会のメンバーに入ることとなった[5]。

このケースから以下のポイントを確認できます。
---

[1] ☞ 褥瘡が発生したという経験を学習資源としている。
[2] ☞ P-MARGEと照らし合わせると、褥瘡の経験がMとE、褥瘡予防の観点はPとG、自発的に勉強会を企画したことはAにあたる。
[3] ☞ 実際の事例を提示したことから問題解決型の勉強会を企画している。
[4] ☞ 褥瘡の事例を組織で省察し、対話し、対策をたてたプロセスは、経験学習モデルといえる。
[5] ☞ 介護職だった佐藤が褥瘡対策委員会のメンバーとなることは、正統的周辺参加モデルである。

第 **4** 章

自分にあった リーダーシップを 身につける

　チームの置かれている状況は常に変化します。また、「チームプレー」が求められる介護や福祉の仕事は、メンバーとのコミュニケーションも大事です。そのような場合に、どのようなリーダーが「よいリーダー」なのでしょうか?
　第4章では、リーダーシップについて学びます。ドラマや小説ではよく天才肌のカリスマ的リーダーが登場しますが、本章で学ぶ知識や技術を用いれば、天才ではなくてもよいリーダーになることは可能です。自分自身のリーダー像と重ねながら、リーダーシップをどのように発揮させたらいいのか考えてみましょう。

> **ケース**　二人のリーダーのもとで働いて

　工藤（28歳）は、特別養護老人ホームの西ユニットに配属となった。デイサービスで3年の経験はあるが、ユニットケアははじめてで不安があった。

　このホームは4年前の開設当初、介護職は6名全員をベテランで揃えていた。現在のユニットリーダーはAである。Aは知識や技術はもちろん、スタッフへの気遣いもでき、皆の信頼を得ていた。工藤はAの的確な指示を受け、仕事を習得していった。3か月後には夜勤も一人でできるようになり、Aから質問を投げかけられることも増え、意図するところを考え、支援の方向性を見いだすこともできてきた。

　Aはベテラン職員から提案を受けると、メンバー全員と意思疎通を図り、必要に応じて管理者に相談し、解決に向けて動くフットワークのよさも持ち合わせていた。自分からメンバーに話しかけることも意識して行っていた。

　ところが、ある日、Aは在宅部門へ異動し、代わりにBがリーダーに就任した。Bは几帳面な性格で、整理整頓、記録方法などしっかりと行っている。そのためか、細かなことをいちいち指摘するのである。その指摘は、洗濯機や掃除機の使い方、記録や物品の管理方法、利用者のケアの方法にまで及ぶ。

　例えば、ある時、物品の管理方法が変えられたが、それはBが誰にも相談せずに独断で変更していたため、職員たちは戸惑っていた。そんなことが何度もあった。

　工藤もBからたびたび注意された。自分で判断して仕事ができるようになってきたのに、細かなことを指示され、そのとおり行わないと叱責された。工藤は自信をなくし、管理者と面談し、「Bからパワハラを受けており、退職したい」と訴えた。

　Bは他のベテラン職員に対してもいちいち指示し、そのうち職員のまとまりが悪くなり、職場の雰囲気は暗くなった。

1. リーダーシップとは？

　リーダーシップは日常的に使用する言葉ですが、その内容を説明するのはそれほど簡単なことではありません。下のイラスト（図4-①）は登山に向かうパーティの様子です。これを題材にリーダーについて考えてみましょう。

　問1：どの位置にいるメンバーがリーダーだと思いますか？
　問2：リーダーが備えておくべき「力」には、どのようなものがあると思いますか？
　問3：メンバーに求められるものは、どのようなものだと思いますか？
　問4：このチームを取り巻く環境には、どのようなことがあると思いますか？

・**問1：リーダーの位置**
　リーダーはどの位置にいればいいのでしょうか。

図4-①　登山に向かうパーティ

登山では、一般的には最後尾がリーダー、先頭がサブリーダーということになります。なぜでしょうか。それは、リーダーがルートの様子を最後尾で観察して的確な指示を出して注意を促し、また、メンバーのペース、荷物の配分などメンバー全員の様子を観察して見渡し、適宜声をかけられる位置にいることでリーダーシップを発揮しやすいからです。

・**問2：リーダーが備える力**

リーダーがチームをまとめて目標に向かわせるためには、どのような「力」が必要なのでしょう。1つ目は「仕事の力」です。メンバーを適切に導くためには、豊富な知識、優れた技術、そして豊かな経験が必要です。2つ目は「人格の力」です。統率力、判断力、決断力、行動力、包容力、コミュニケーション力など、人間としての魅力が必要です。最後は、「地位の力」です。リーダーの立場による権限を使い、メンバーを導いていきます。これら3つの力はリーダーの行動特性といいます。

・**問3：メンバーに求められるもの**

メンバーにはどのようなものが求められるのでしょうか。リーダー同様に技術、知識、経験、体力や、その他に協調性、信頼関係、主体性、モチベーションなども求められます。リーダーを助け目標に向かうための影響力を「フォロワーシップ」といいます。

すべてのリーダーが知識、経験、技術に優れ、人間的に魅力をもっているとは限りません。しかし、フォロワーがリーダーに協力することで、目標を達成させることもできるのです。これを部下特性といいます。

・**問4：チームを取り巻く環境**

エベレストと里山ではチャレンジの難易度が違います。また、季節や天候、時間によっても、リーダーの判断やチームが取るべき態度は変わってきます。チームの置かれる状況は一定ではなく、常に変化します。これを状況特性といいます。

リーダーはチームを目標に向かわせるために、これら「状況特性」「部下特性」、そしてリーダーの「行動特性」を駆使していきます。このように、リーダーは強さだけがリーダーシップではなく、フォロワーとの協力、信頼関係を育みながら、そして、時に周囲に助けられながらその影響力を発揮していきます。だから、リーダーは孤独ではありませんし、権威や権力で引っ張るわけではありません。リーダーはチームのなかの１つの役割として認識するとよいでしょう。

　以上から、本書ではリーダーシップを「ある状況のなかで、コミュニケーションというプロセスを通してフォロワーを目標に向けて動かす影響力」と定義します。

2.「行動特性」に着目したPM理論

・PM理論とは

　リーダーの行動特性に着目したリーダーシップの考え方にPM理論があります。PM理論は行動特性を「目標達成行動：P行動（performance）」と「集団維持行動：M行動（maintenance）」の２つに分けて考えます。

〈P行動〉

　P行動は、チームの目標達成を促進し強化するための行動です。例えば、ユニットのチームメンバーに課せられた目標達成に向けて計画を立てたり、計画を遂行するためにメンバーに指示を出したり、ルールを徹底させたりすることなどです。

〈M行動〉

　M行動は、ユニットのチームメンバーに配慮することでチームを維持するための行動です。例えば、部下の悩みを聴きアドバイスをしたり、メンバー間の人間関係を調整したりする行動を指しま

す。

■ あなたのP行動とM行動を測定してみましょう

それでは、図4-②を使って、自分のP行動、M行動を測定しましょう。それぞれの項目について回答（1＝ぜんぜんしない、2＝めったにしない、3＝時々している、4＝よくしている、5＝いつもしている）したうえで、P行動、M行動の合計点を算出してください。満点はそれぞれ40点です。

■ 4つのスタイル

P行動とM行動からなるリーダーの行動特性の組み合わせによって、リーダーシップスタイルは次の4つに整理することができます。PM型、Pm型、pM型、pm型です。大文字と小文字は行動の強弱を表します。これを横軸がP行動、縦軸がM行動の座標軸にしたのが図4-③です。

P行動（目標達成行動）	M行動（集団維持行動）
● 規則に決められた事柄にあなたが従うことをやかましく言いますか ● あなた方の仕事に関して指示命令をやかましく与えますか ● 仕事量のことをやかましく言いますか ● 所定の時間までに仕事を完了するよう要求しますか ● あなた方を最大限に働かせようとすることがありますか ● あなた方がまずい仕事をやった時、あなた自身を責めるのではなく、仕事ぶりのまずさを責めますか ● 仕事の進み具合について報告を求めますか ● 毎月の目標達成のために計画を綿密にたてますか	● 仕事のことで上司と気軽に話し合うことができますか ● 全般的にあなたを支持してくれますか ● 個人的な問題に気を配ってくれますか ● あなたを信頼してくれていると思いますか ● あなたが優れた仕事をした時には、認めてくれますか ● 職場で問題が起こった時、上司はあなたの意見を求めますか ● 昇進や昇給など、あなたの将来について気を配ってくれますか ● あなた方を公平に取り扱ってくれますか

図4-② P行動とM行動

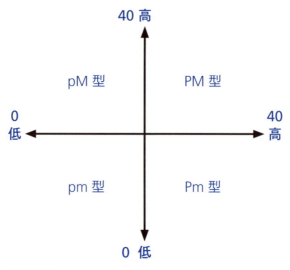

図4-③　PM理論におけるリーダーシップスタイル

〈PM型〉
　理想的なリーダーシップのスタイルです。メンバーへの気遣いからモチベーション向上につながり、仕事に対しても、目標に向けて計画に沿った仕事を的確に指示を出してきちんと実践します。仕事ができてメンバーの気持ちが分かる理想の上司像といえます。

〈Pm型〉
　P行動はできるものの、M行動に課題があるスタイルです。メンバーへの気遣いに欠けたり、威圧的になるなど、メンバーのモチベーションが落ちる可能性があります。

〈pM型〉
　M行動はできるものの、P行動に課題があるスタイルです。課題が多い職場や新たな目標に向かう場合などは、明確な指示がないため成果を上げる力が低下します。

〈pm 型〉

　仕事の成果を上げる力も集団をまとめる力も弱く、リーダー失格のスタイルです。メンバーのモチベーションは向上せず、職務満足度は低下します。

- **冒頭ケースを PM 理論で分析する**

　ケースでは、2人のリーダーが登場しています。

　Aはテキパキと仕事をこなし、的確な指示を出します。また、職場の課題に対して自らが解決するだけではなく、必要に応じて管理者に相談するフットワークがよく、また、メンバーからの信頼も厚く、この理論では「PM型」になります。

　一方、Bは几帳面で仕事は丁寧で、一生懸命に仕事をこなそうと自分なりに努力をしています。しかし、メンバーへの気遣いやチームをまとめる力が弱く、部下からの信頼を得られていない状況で、現状では「pm型」になります。

　異動や転職など慣れない職場で、一時的に「P行動」が低下することは誰にでもあることです。時間の経過とともに仕事に慣れていけば、「p→P」に行動が変化します。しかし、メンバーへの配慮が変わらなければチームの維持強化が望めず、メンバーのモチベーションが低下し、人間関係が悪化し、その結果、職員の離職へ発展していく可能性があります。

　短期的には、P行動を高めることで職務満足度は上がりますが、同時に、メンバーへ配慮し、モチベーションが向上するよう常にコミュニケーションを図ることは大切です。

3.「部下特性」に着目したSL理論

■ 状況適合理論とは

リーダーの「行動特性」に着目したリーダーシップがPM理論でした。一方、「部下特性」、つまり部下の能力や経験、知識などの成熟度に応じてリーダーシップを変えていくのがSL理論です。SLとはSituational Leadershipの略語で、状況に応じたリーダーシップという意味になります。SL理論では、メンバーへの接し方を指示的行動と援助的行動の2つに分けます。

〈指示的行動〉
仕事の指示命令を的確に行う、手順を具体的に教える、などの行動を指します。

〈援助的行動〉
メンバーの話をよく聴く、褒める、認めるなどの行動を指します。

■ 4つのスタイル

指示的行動と援助的行動の組み合わせによって、リーダーシップスタイルは次の4つに整理することができます。教示型・指示型、説得型・コーチ型、参加型・援助型、委任型です。これを図に示したものが図4-④です。横軸が指示的行動、縦軸が援助的行動で、座標軸により4つのスタイルがつくられます。通常は部下の成長に従って、青い矢印のルートでリーダーシップを変化させます。

では、この4つのスタイルを簡単に説明します。

① **S1型：教示型・指示型リーダーシップ**

指示的行動が高く、援助的行動は低いリーダーシップを指します。部下の成熟度が低いので、具体的に指示し、事細かに監督します。例えば、仕事の知識、技術、経験が浅い新入社員の場合は、的

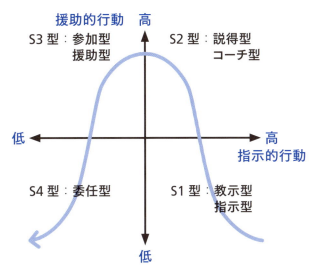

図4-④ 状況適合理論におけるリーダーシップスタイル

確な指示・命令を与える必要があります。

 しかし、部下の成熟度が高いにもかかわらず教示型・指示型リーダーシップをとると、部下は新人扱いされたようで、仕事に取り組むモチベーションが低下する可能性があります。

② S2型：説得型・コーチ型リーダーシップ

 部下の成熟度が徐々に高まると、指示的行動を抑え、援助的行動を高めます。これを説得型・コーチ型リーダーシップといいます。コミュニケーションを密にし、リーダーの考えを説明し、メンバーに質問を投げかけ、疑問に答えていきます。

 例えば、仕事に慣れてきた若手職員の場合、具体的な指示を事細かにしなくても仕事ぶりを把握しながらコミュニケーションを通じてリーダーシップを発揮することができます。この段階で話をよく聴く、褒める、認めるなどの援助的行動が疎かになると、まだまだ自信がない若手職員はリーダーに放り出された感じになり、モチベーションを落とすこともあるので注意が必要です。

③ S3型：参加型・援助型リーダーシップ

　メンバーの仕事の能力はさらに高まり、独り立ちの一歩手前の状態の時に発揮されるリーダーシップスタイルです。カウンセリング型ともいわれています。この状態のメンバーは、さまざまな事情で仕事へのモチベーションが低下している場合も少なくありません。この場合では、指示的行動をさらに抑え、援助的行動を高めます。

　例えば、仕事は一人でこなせるものの、主体性が低い、自信があまりない、不満がある、こういった中堅職員に対して、話に耳を傾け、丁寧なアドバイスを行い、本人の問題解決能力を高めることを心がけます。中堅の人材育成にはコーチングという手法を用いますが、これと同じようなことを行います。

④ S4型：委任型リーダーシップ

　部下の業務遂行能力は高く、仕事に対する自信もあり、完全に独り立ちの状態です。指示的行動に加えて援助的行動も抑え、仕事遂行の責任を委ねていきます。これを委任型リーダーシップといいます。

- **冒頭ケースをSL理論で分析する**

　この特別養護老人ホームの開設当初は、ベテラン勢を集めていました。つまり、当初のユニットはスタッフたちの成熟度が高い職場といえます。

　リーダーはS3型：参加型・援助型、もしくはS4型：委任型のリーダーシップを発揮すればいいことになります。工藤はそのなかに異動してきましたが、経験があるとはいえ初めてのユニット業務なので、未成熟な工藤にはS1型：教示型・指示型のリーダーシップをとることで、工藤は業務内容を早くのみ込み、短時間でS2型：説得型・コーチ型のリーダーシップに移行することができます。

　Aは的確に指示を出し、徐々に質問や提案をすることで、工藤の成熟に合わせたリーダーシップに切り替えています。

一方、Bは自分の仕事のスタイルを変えず、几帳面に整理整頓を指示したり、利用者のケアに関していちいち指示することで、ベテラン勢はまるで新人のように扱われ、モチベーションが落ち、工藤はハラスメントを受けたと感じていました。

　このように、部下特性に配慮したリーダーシップを知っておくこと、また、スタッフの成熟度に合わせてリーダーシップを変えることが行われないと、まとめ役のリーダーは逆にチームを壊す張本人になりかねない、ということを理解しておきましょう。

　PM理論のM行動はフォロワーへの配慮行動でしたが、フォロワーの成熟度、モチベーションなどフォロワー側の特性を理解したうえでのリーダーシップという点では、PM理論はリーダー側の行動、SL理論はフォロワーに合わせたリーダーシップということになり、実践の場でこの2つは有効な理論として活用できます。

4. サーバントリーダーシップ

■ サーバントリーダーシップとは

　皆さんが思い描くリーダーは、先頭に立ってフォロワーをぐいぐいと引っ張っていく、そんな印象ではありませんか？　そのためでしょうか、女性が多い介護現場ではリーダーになりたがる人が少ないようです。

　しかし、思い出してください。登山に向かうパーティのリーダーは最後尾にいました。先頭に立つことだけがリーダーではありません。チームをバックアップする位置でリーダーシップを発揮することも可能なのです。フォロワーが能力を最大限に発揮できるように環境を整え、フォロワーに奉仕するリーダーシップのスタイルがあります。それがサーバントリーダーシップです。

サーバントリーダーシップでは、フォロワーの成長を大切にし、彼らとともにコミュニティを築きあげ、ミッションやビジョンの実現に向かっていきます。そこには、フォロワーに尽くしたいという自然な感情と、導いていきたい感情とが入り交じっているといいます。介護や福祉はサーバントリーダーシップに適した分野だと指摘されています。

■ サーバントリーダーシップに求められるもの

サーバントリーダーには、次のことが求められます。

- **リーダーのモチベーション**

先頭に立つリーダーは、成果を自分の力と過信してしまい、支配的になることがあります。これに対しサーバントリーダーは、目標達成に向けてフォロワーの意識が盛り上がっていくように働きかけること、すなわち、奉仕の精神が必要になります。

- **マインドセット（心構え）**

リーダーとフォロワーはWin-Winの関係が望ましいです。例えば、リーダーはフォロワーが目標に向かって動くことを求め、フォロワーは目標に向かって一歩を踏み出すことを自ら求める、という関係です。リーダーはフォロワーの成長を喜び、フォロワーは自分自身の成長を実感する、という関係も望ましいでしょう。

- **影響力の根拠**

先頭に立つリーダーは、力で支配しようとします。これに対し、サーバントリーダーはリーダーとフォロワーとの信頼関係を重視し、フォロワーの主体性を大切にし、自ら進んで権限移譲を行います。権限移譲を受けたフォロワーはリーダーから信頼を得ていると感じ、やりがいが芽生え、成長を実感するようになります。

- **コミュニケーションのスタイル**

リーダーとフォロワーのコミュニケーションは大切です。サーバントリーダーは、リーダーからの一方的な指示ではなく、フォロ

ワーの話をしっかりと聴く「傾聴」を大切にします。
- **業務遂行能力**

 サーバントリーダーは「指示的」ではなく、「支持的」にフォロワーに接することが大切です。リーダーの能力が高まってもフォロワーが成長しなければ意味はありません。つまり、業務遂行能力はフォロワーの成長とともに高まります。「人育ては自分育て」という視点で業務遂行に当たるべきです。

- **成長についての考え方**

 「人はそもそも怠け者で、仕事に消極的である」という人間観ではなく、「人は仕事を通じて自らの成長を望む」という人間観がサーバントリーダーの基本的な考え方です。フォロワーの自主性、積極性に働きかけることで目標を達成し、フォロワーが成長することを希望します。

- **責任についての考え方**

 サーバントリーダーは権限をフォロワーに移譲していきます。その時に生じた失敗の責任はフォロワーが負うべきなのでしょうか。答えは否です。なぜなら、権限を委譲したのはリーダーだからです。リーダーは責任から逃れることはできません。

■ 冒頭ケースをサーバントリーダーシップで分析する

 AもBもサーバントリーダーシップを発揮しているわけではありません。しかし、Aはフォロワーが仕事をしやすいように、また、目標に向かっていくために、リーダーとの質問によるやりとりや提案などを受けて、議論したり傾聴したりしていました。これにより、フォロワーは「任された」と感じて、進んで仕事に取り組むことでしょう。一方、Bのように、勝手に物品の管理方法を変えたり、一方的に指示することは、逆効果になります。

5. シェアードリーダーシップ

■ シェアードリーダーシップとは

　最後に紹介するリーダーシップ理論は、リーダーシップをシェア（分担する、分かち合う）するシェアードリーダーシップです。シェアードリーダーシップでは、その時々の状況に応じてリーダーシップを発揮する人間が変化します。リーダーとフォロワーは流動的に入れ替わっていくと考えてください。

　一人のリーダーがフォロワーをまとめ、目標に向けて成果を出すというこれまでの考え方と、メンバー全員がリーダーシップを発揮し合うという新しい考え方の違いは、どこにあるのでしょうか？

　これまでの考え方では、「リーダーシップ」と「マネジメント」を混同しているかもしれません。これに対して新しい考え方では、リーダーシップとマネジメントを分けて捉え、チームが目標に向けて効果的に動き出すことで、メンバーのモチベーションが上がったり、さまざまなアイデアや気づき、行動が生まれることを指してリーダーシップと呼んでいます。リーダーシップはマネジメントそのものではない、ということから出発すると分かりやすいかもしれません。

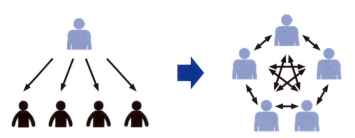

図4-⑤　シェアードリーダーシップ
出典：入山章栄著『世界標準の経営理論，第20回リーダーシップの理論』Harvard Business Review, 2016, 133 頁

■ シェアードリーダーシップが機能する条件

　シェアードリーダーシップが機能する職場を実現させるためには、メンバーが自らの責任と権限のもと自律的に動く状態をつくること、それと同時に、メンバーが１つの目標に向かい協働して組織的に活動している状態をつくること、この両方が重要になります。

　前者では、メンバーの自己効力感を高めること、自分の強みを活かしたリーダーシップスタイルを発揮すること、メンバーのさまざまな価値観や規範など多様性を認める職場風土をつくることが大切です。後者では、目標の共有化（目標の重要性の認識、目標の明確さ、目標の受け入れやすさ）と、視点の変化（現場感覚と全体の視点）をもつことが大切です。

■ 冒頭ケースをシェアードリーダーシップで分析する

　ユニットケアに取り組み始めた頃の職員は、すでに成熟したメンバーといえます。一人ひとりが何をすべきか理解しており、専門職としてケアに対する達成動機も高いといえます。Aがリーダーの時、課題に対して皆が意見を出し合い、自分たちでは権限が及ばない問題は管理者に相談しています。誰かがリーダーシップを発揮すれば、リーダーであるAはフォロワーとして協力するでしょう。

　一方、Bは自分の責任と権限で仕事をつくり、それをメンバーに指示したり、命令したりすることで仕事を進めようとしています。これでは、メンバーの自己効力感は高まらず、誰もBに助言や提案をしようとしません。Bもメンバーの提案やアイデアを取り上げようとしません。チームとしての目標は受け入れられず、共有されず、チームとしての活動の効果は期待できなくなります。

6. ケース検討

本章で学んだことをケースで確認していきましょう。

ケース 新規グループホームを任されたリーダーの苦悩

　吉田（35歳）は、新しく開設されるグループホームの管理者に就いた[1]。これまで特別養護老人ホームのユニットリーダーや認知症デイサービス管理者の経験はあったが、グループホームは初めてである。職員は常勤と非常勤合わせて9名、その半数がグループホーム未経験者であった。

　吉田は理事長から、「頑張ってくれよ、君には期待しているから」と声をかけられていた。その期待に応えるために採算を取らなければと考え、短期間での満床を目指した[2]。

　非常勤職員Aはこの法人で勤続25年、グループホームの管理者を15年勤めあげ、引き続き非常勤職員として勤めている。短期間での満床を目指す吉田に対し、Aからは「ゆっくり利用者の受け入れをしないと、事故も起こるし、スタッフも疲弊する」と言われていた[3]。

　開設から1か月、最年少の常勤職員から退職の申し出があった。理由はAの言うとおり、「仕事がきつくて、最近腰も痛く通院している」とのことだった。Aはその職員から相談を受けているようで、その都度吉田に相談をしていた[4]。しかし、吉田はというと、職員との個別面談はしていなかった。

　そこで、吉田は職員とのコミュニケーションが不足していたことを反省し、職員の要望や不満などを丁寧に聞くことにした。やはり、仕事のしわ寄せが経験が浅く、技術の低い職員の負担を増やし、誰に相談していいのか悩んでいたという話をよく聞いた。

　吉田は、経験の浅い職員に対してベテラン職員に相談し、き

め細かく指示を出してもらい、分からないことは必ず聞いてから仕事に就くようにアドバイスをした。Aを含むベテラン職員は吉田の願いを快く引き受けてくれた [5]。

その後、きついことを理由にした職員の離職はなく、吉田はベテラン職員からのアドバイスを積極的に聞くようになり、こまめにスタッフに声をかけるようになった [6]。

このケースから以下のポイントを確認できます。
---

[1] ☞ 吉田に求められているのはグループホームの開設という特別な状況のなかでのリーダーシップであることが分かる。

[2] ☞ 開設当初の吉田のリーダーシップスタイルが典型的なP行動であることが分かる。

[3] ☞ ベテランの非常勤職員Aが吉田のフォロワーとして、批判的かつ積極的にかかわっていることが分かる。

[4] ☞ 吉田に不足しているM行動の側面を、ベテラン職員がリーダーシップをシェアしているのが分かる。

[5] ☞ 経験が浅く、技術の低い部下には教示型アプローチ、ベテラン職員には委任型アプローチで接していることが分かる。

[6] ☞ 経験、身分、性別、部署などの違いを超えて、チームがまとまっていく様子が分かる。

column
学び続けることの大切さ

■ きっかけは会社開催の研修から

　私は、いくつかの有料老人ホームを担当するスーパーバイザーという仕事についていますが、担当する施設長へのマネジメントについての指導に苦慮していました。そんな折、本社でマネジメントに関する研修が開かれるとのことで、ぜひ参加させてほしいと手を挙げました。

　介護職として利用者や同僚からの評価の高い人が、施設長などの管理者に登用された途端、苦しむ姿をよく目にしていました。プレーヤー（介護職）としては一流だとしても、施設長としてうまくいくとは限らないということでしょう。

　原因は、プレーヤーとしての考えのままで、マネジメントが疎かになるからでしょう。その結果、離職・コミュニケーション不足・トラブル発生などが散見されました。

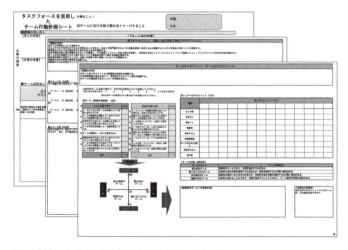

図　本社マネジメント研修で使用したワークシート

━ 理論を交えて説明、現状を客観的にみるきっかけを

担当エリアの施設長に聞くと、「どのようにチームをまとめ、良いケアを提供するか困っている」とのことでした。そこで、現状を客観的にみる機会として、担当エリアの施設長を集めたマネジメント研修を本社研修受講メンバーと計画しました。

本社のマネジメント研修で学んだ「チームの定義」「リーダーシップ理論」「モチベーション理論」等を用いながら、ヒューマンサービスの特性を盛り込んで、受講者が自分自身のことやチームの現状に当てはめやすくして、一方的な研修にならないように個人ワーク・グループワーク両方を織り交ぜたカリキュラムを作成し、私が講師となり研修を行いました。

━ 自分の強み、弱みが明確に

研修は、終始和やかなムードで行えました。参加した施設長たちからは「感覚的に行っていたチームマネジメントだったが、定義や理論を知ることで、頭の中が整理でき、言語化できた」「自分がマネジメントを行ううえで必要なことや自分の担当しているチームの強みや弱みが明確になった」などの感想を聞くことができました。

私は、ホームの課題が明確になったところで、解決に向けチームをマネジメントするため動き出した施設長に対し、現在もフォローを続けていますが、自分自身も含め、学び続けていくことの大切さを実感しています。

写真　研修風景

舘　栄一郎（SOMPOケア㈱　西日本本部　中部第2事業部長）

第III部

同僚や部下の学びを支える

あなたは同僚や部下のことを深く理解していますか?
第III部ではモチベーションとキャリアを学びます。
同僚や部下の学びを支える方法をお伝えします。
育ち合い、学び合うチームを目指しましょう。

第 **5** 章

モチベーションに働きかける

　仕事については意欲がみなぎっている時もあれば、著しく意欲が低下している時もあります。
　第5章では仕事への意欲、すなわちモチベーションについて学びます。まず、「人は何に動機づけられて働くのか」という普遍的な問いにかかわる理論をいくつか紹介します。次に、目標を適切に設定することが仕事への意欲と深く関連していることを説明します。
　職員のやる気を高めていくことは、リーダーの大切な仕事です。一人ひとりにどう働きかければいいのかを考えながら読み進めてください。

> **ケース** 彼女が仕事を辞めた理由

　私は障害者の入所支援施設で主任として働いている。今年で入職10年目だ。入職当初は将来的なビジョンもなく、淡々と仕事をしてきた。その後、ふとしたことで仕事を少しずつ任されるようになった。当時の上司は「助かったよ」とか「ありがとう」といった声かけを頻繁にしてくれた。その頃から支援を本気で頑張りたいと思うようになり、資格を取り、責任感が芽生えた。

　主任になって3年目、一人の女性が部下として入ってきた。この頃は職場全体の意識が高く、どの職員も頼まれた仕事はしっかりとこなしていた。仕事量が多い時は多くの者が率先して残業し、やりがいのある仕事と皆が認識していると感じていた。彼女もその雰囲気にすんなりと馴染んだように見えた。育成は周囲の同僚に一任した。

　2年が過ぎた頃、彼女から「結婚するので退職したい」と告げられた。「子どもができても続けられる制度もあるから」と説得したものの、「自信がないから」との理由で退職となった。しばらくして別の法人の通所施設で働いていること、前職場では仕事を頑張る気になれなかったと口にしていることを風の便りに聞いた。

　ショックだった。もっと本人の想いをしっかりと聞き、労いの言葉をかけるべきだった。仕事量を調整したり、異動ができるよう配慮すべきだった。そして何より、そういったことを彼女が言い出せないくらい日常的なコミュニケーションが不足していた。自分は、彼女に「ありがとう」も「助かったよ」も言っていなかった。

1. モチベーションの基礎理論

人がやる気を失うのはどんな時でしょうか？ このケースのように上司からの労いや承認がない時、仕事とプライベートのバランスが崩れた時はやる気が低下します。やる気がアップするのはどんな時でしょうか？ 職場の人間関係が良い時、成長を実感できている時、異動の希望がかなった時などがそうかもしれません。働く意欲の原動力をみていきましょう。

■ マズローの欲求階層説

モチベーションに関する理論といえば、何はさておきマズロー（Maslow, A. H.）の欲求階層説です。彼は人は成長を求めるものだという人間観に立脚し、人間の欲求を5つに分類しました。

生理的欲求、安全の欲求、社会的欲求、自尊と承認の欲求、自己実現欲求の5つです。これらは階層を形成しており、下位の欲求が一定程度満たされないと上位の欲求は発生しないと提唱しました。

生理的欲求から自尊と承認の欲求までを欠乏欲求、自己実現欲求を成長欲求と呼びます。自己実現欲求は自分の内部にあるもので、到達できたかどうかではなく、こういった欲求をもっていることが大事、といわれています。自己実現欲求のさらにうえには、コミュニティの発展欲求があったともいわれています。

5つの欲求を仕事との関係で整理してみると以下のようになります。

- **生理的欲求**
  人間らしい生活ができる給料、人間らしい労働時間
- **安全の欲求**
  雇用の安定、ミスをしても処遇が著しく悪化しない、安全な労働環境

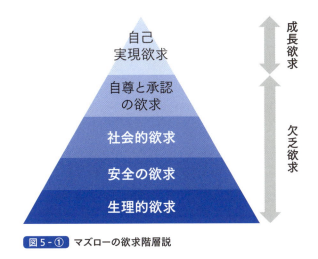

図5-① マズローの欲求階層説

- **社会的欲求**
  同僚と仲が悪くない、同僚と助け合って仕事ができている、職場に愛着を感じる
- **自尊と承認の欲求**
  仕事が評価される、同僚や上司から感謝される、利用者から感謝される、自分自身を認められる
- **自己実現欲求**
  仕事を通じて何かを成し遂げている、仕事に意義を感じる、社会の役に立っていると感じる

■ 衛生要因と動機づけ要因

　マズローと並んで有名なのがハーズバーグ（Herzberg, F.）の理論です。彼は職務に満足をもたらす理由と不満足をもたらす理由を調べ、「満足の反対は不満足ではない」ということを明らかにしました。

　満足をもたらす理由を「動機付け要因」と呼びます。仕事の達成、承認、仕事そのもの、責任、成長などを指し、自己実現欲求と

自尊と承認の欲求に相当します。

　不満足をもたらす要因を「衛生要因」と呼びます。組織の方針、給与、人間関係、労働条件などを指し、生理的欲求から社会的欲求に相当します。

　皆さんの周囲に「不満はないけれど……」といいながら退職していった人はいませんでしたか？　給与や人間関係に不満はないけれど、法人の考え方に納得しない、やりがいを感じられない、組織に認められていない、そんな理由ではありませんでしたか？　このような場合、衛生要因を充実させても離職は防げません。衛生要因は不満の解消にはなりますが、満足の理由にはならないからです。動機付け要因に働きかけることの大切さが分かります。

　動機付け要因を考える際には、介護や福祉の仕事の特徴にも留意が必要です。介護や福祉の仕事は成果が分かりにくいため、達成感を得にくいのです。第1章でも述べましたがタスクフォースを仕掛けていくことは有効な手立ての1つです。間接業務、例えば環境整備、植物の世話、飲み物の調達と補充などは、できている・できていないが明確に分かる業務です。こういった業務を新人に割り当て

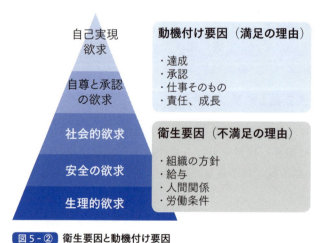

図5-②　衛生要因と動機付け要因

ることも「できた」という達成感を得るためには有効です。

■ 承認欲求

　フェイスブックやインスタグラムなどの影響でしょうか、承認欲求という言葉を目にする機会が増えました。他者の目を重んじる日本では達成よりも承認が重要との指摘もあります。達成感が得にくい介護や福祉の仕事は余計にそうかもしれません。

　承認には、表の承認と裏の承認があります（図5-③）。表の承認とは努力や成果を褒めることや、相手への敬意を認めることを指します。裏の承認とは組織の和を守っている、義理を重んじるなどを指します。大事にしたいのは、もちろん表の承認です。

　福祉の仕事では利用者から感謝される機会が数多くあります。利用者からの「ありがとう」は素直にうれしいものです。ただし、こ

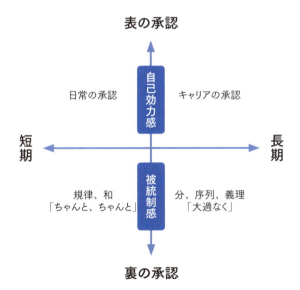

図5-③　承認の分類
出典：太田肇著『承認欲求「認められたい」をどう活かすか？』東洋経済新報社，2007，35頁

の「ありがとう」は日常的であるが故に効果は短期的であるとの指摘もあります。

　一方、仕事を正しく評価できるのはリーダーや管理者であり、彼らに認められることが専門職のキャリアとしては効果的で、やる気も長く維持されるとの指摘もあります。部下や同僚に対して、できるようになったことを具体的な事実に基づいて言葉で承認し、できていない時はその過程としての努力をフォローしつつ、どうすればいいのかを伝えることは大切です。リーダーが認めることで、部下の期待は高まり、やる気も上がります。「期待が人を育てる」のです。

2. 内発的なモチベーション

■ 外発的動機と内発的動機

　皆さんの周りに、仕事そのものが楽しくて仕方がないという人はいませんか。こういった人は、仕事を通じて達成感や有能感を得ており、内発的に動機付けられています。自分の時間やお金を投じて研修に参加したり、専門書を入手している人も多いことでしょう。専門職の姿としては模範的ですし、仕事を崇高なものと捉える日本では好まれる考え方ともいえます。

　では、人は最初から内発的に動機付けられているのでしょうか？もちろん違います。冒頭のケースのように淡々と職務を遂行していた人も、上司に認められたり利用者の変化を目の当たりにするにつれて、内発的に動機付けられていくようです。

　介護や福祉は専門職だけで構成されているわけではありませんが、チームに専門職としての成長を目指そうという規範が浸透していることは大事です。そのような風土をチームに醸成していくこともリーダーの仕事といえるでしょう。

■ 自己効力感

　内発的動機は達成感や有能感を伴いますが、これと深く関連しているものに自己効力感があります。

　自己効力感とは自分の能力に対する自信であり、自分はやればできるという感覚を指します。自己効力感を適切にもつことができると目標を高く掲げることができ、それに対して頑張ろうと思えます。

　自己効力感を得る方法は4つあります。第1に実際にやってみて達成することです。成功体験を意図的に積ませるように心がけます。第2に代理経験です。同じような立場の人がやり遂げているのをみると、自分にもできると思えるものです。第3に言語的説得です。周囲が期待を表明したり、承認したりすることです。最後が情動喚起と呼ばれるものです。自らのメンタルやフィジカルに働きかけ、自己調整することを指します。

3. 目標とモチベーション

　私たちはどういった時に達成感を覚えるのでしょうか。まず頭に浮かぶのは、具体的な目標をクリアできた時です。目標とモチベーションの関係を明快に示しているのが目標設定理論です。

■ 目標設定理論

　図5-④をご覧ください。目標が示されると、私たちはその達成に向けて努力します。努力の結果は実績（成果）として示され、それに対して何らかの報酬が得られます。報酬を手に入れることでモチベーションは向上し、目標をクリアしようとする努力が持続されます。この一連の流れが目標設定理論です。

　報酬は金銭とは限りません。信頼、昇進、仲間、名誉などさまざ

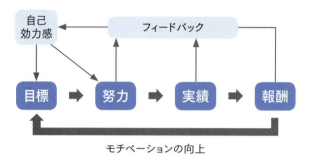

図5-④ 目標設定理論の全体像

まです。利用者のQOLの向上や笑顔も報酬の1つです。実際、「利用者の笑顔があるから頑張れる」という言葉をよく耳にします。

目標を高く掲げたり目標に向かって努力するためには、周囲がフィードバックを行うことや「やればできる」という自己効力感をもつことが有益です。

■ 目標の扱い方

効果的な目標設定をするためには4つの点に注意します。

1つ目が挑戦的だが高すぎない目標を設定することです。簡単にクリアできるような目標だと、やる気はさほど高まりません。ちょっと難しいなと思える目標が効果的です。

2つ目が具体的な目標を設定することです。「ベストを尽くせ」のような漠然とした目標では頑張れません。日々の支援における目標を具体的に考えましょう。例えば、「Bさんの外出を実現する」とか、「Aさんがベッドから起き上がって過ごす時間を増やす」とかです。

3つ目が目標の受容です。自分で目標を設定できるのがベストですが、上司や同僚の意見を取り入れたりすることでも十分に有効です。

4つ目が、成果と経過のフィードバックです。どこまで進捗しているのか、どのような実績が得られたのか、それについて上司や周囲はどのように評価しているのか、それらを正しく伝えることで、「もう少しだ」「ここを修正しよう」と思えます。

■ 経営的な数値目標は馴染まない

ありがちなのは管理職や施設長が経営的な数値目標をダイレクトに示し、現場のやる気が下がることです。「在宅復帰率○％」と掲げるよりは、「今月は○さんと△さんの在宅復帰を実現する」と掲げたほうがモチベーションは上がります。リーダーには組織が示した目標を現場職員にとって魅力的な言葉に置き換えて伝えることや、組織目標の達成が利用者にプラスの効果をもたらすことを丁寧に説明することが求められます。

人事制度として目標管理制度を導入している事業所も多くあるかと思います。目標管理制度は目標設定理論を実務に応用したものです。この制度を有効に機能させるためには、組織目標からブレイクダウンさせて個人目標を設定することが大切です。

4. 職務とモチベーション

■ 職務特性理論

最後に紹介するのは職務特性理論です。職務特性理論によれば、モチベーションは技能の多様性、職務の完結性、職務の重要性、自律性、フィードバックの5つに左右されるといいます。1つずつみていきましょう。

・技能の多様性

多様な技術を必要とする職務であることです。食事・入浴・排泄・移乗といった介助技術、利用者とのコミュニケーション能力

など、福祉の仕事はそもそも多様な技能を必要とする仕事です。
・**職務の完結性**
一連の完結した職務であることです。集団的処遇から個別ケアに変化するなかで、職務の完結性は高まっています。入浴介助が作業分担方式からマンツーマン方式に変化したことを思い出してみてください。
・**職務の重要性**
人の生活や仕事に影響を及ぼす職務であることです。対人支援の仕事が人の生活に影響を与えることは言うまでもありません。
・**自律性**
職務を遂行する際に一定の裁量を与えられていることです。
・**フィードバック**
結果を個人にフィードバックしていることです。

　職務の多様性、職務の完結性、職務の重要性が一定程度担保されていると、仕事に有意義感を覚えやすくなるといいます。この3つ

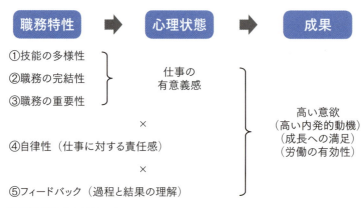

図5-⑤　職務特性理論

出典：スティーブン P. ロビンス著，高木晴夫訳『新版　組織行動のマネジメント　入門から実践へ』ダイヤモンド社，2009，94頁を一部改変

に自律性とフィードバックの2つが加わると内発的動機が高まり、成長への満足がもたらされます。

職務特性理論のポイントは、モチベーション＝仕事の有意義感×自律性×フィードバックであるため、どんなに仕事が有意義でも、自律性やフィードバックがゼロだとモチベーションもゼロになってしまうことです。

自律性は責任感につながります。小さなことでかまわないので施設全体からチームへ、チームから個人へと少しずつ権限を委ねていくことが責任感の芽生えに通じます。短時間のアクティビティを任せるとか、利用者におやつを出すタイミングを委ねるとか、新人であればそんな些細なことからでかまいません。

フィードバックは本章を通じ繰り返し指摘していることです。上司や同僚からのフィードバックにより、過程と結果の理解を高めることが大切です。

5. ケース検討

本章で学んだことをケースで確認していきましょう。

> **ケース　新人の成長を支える　～グループホームでの出来事～**
>
> 小規模多機能型居宅介護事業所のリーダーへの異動が決まった。前任のリーダーは何でも自分で決めていたそうだ。職員の人間関係は悪く、退職も多かったという。そんなこともあり統括部長からは、「職員の意欲が低下している。離職防止に歯止めがかかったら成長を目指す風土をつくってほしい」と言われた。目標の高さに身震いした [1]。
>
> 異動の挨拶で私は「皆さんと一緒に考えていきたい [2]」と述べた。現場の支援に入りながらスタッフとの個別面談を重ねた。その後も定期的に面談し、コミュニケーションを円滑にす

ることを心がけた。

　職員の人間関係は改善され、互いのフォローに入るようになった[3]。私は「フォローありがとう」と意識的に伝えた[4]。そうやって一日は滞りなく過ぎるようになったが、職員のモチベーションはいま一つだった。なかでも新人の女性職員のことが気になった。「自信がない」が彼女の口癖だ。

　そんな時、新規利用となったのがAさんだった。前頭側頭型認知症で、暴言も食事の偏向も激しかった。コンビニでみたらし団子を取り、お金を払わず店を出てしまうことも常態化していた。職員たちは疲れ果てていたが、「Aさんが安定するためのヒントはないだろうか」と考えていることが分かった。なんとかしたいという想いが芽生えていたのだ[5]。ミーティングで「前頭側頭型認知症について調べてみましょう」と伝えた。

　職員たちは、さまざまな行動が疾患によるものであることを理解した。新人の女性職員が、コンビニに事情を説明することとなった。1時間後、彼女は「お店の方が、そういう事情ならお金を後で払いにくればいいからと言ってくれました！」と笑顔で報告してきた[6]。数日後の外出もうまくいったようだ。新人は先輩職員に「コンビニで怒られなくなったから、私、Aさんにしっかり向き合えました。Aさんにもそのことが通じたような気がします」と述べた。先輩職員は「信頼関係ができつつあるようね」と返答した。彼女はうれしそうだった。

このケースから以下のポイントを確認できます。

[1] ☞ 統括部長は挑戦的だが高すぎない目標を示している。
[2] ☞ 主人公は皆で考えていく方針を掲げ、職員の自律性を尊重する態度を示している。

［3］☞ 職員の人間関係の調整を図ることで親和欲求を満たし、衛生要因を整えている。
［4］☞ 職員に対して承認を行っている。
［5］☞ 職員たちのAさんに対する想いを成長の機会と捉え、動機付け要因に働きかけている。
［6］☞ 新人職員に具体的な成功体験を積ませることで、自己効力感を高めている。

column
「3年目の離職」を防ぐための研修

■ 研修検討委員会のなかで

　法人の研修検討委員会では、都内5拠点の管理職が月1回集まり、東京地区全体で行う研修を検討しています。委員会では、知識や技術を学ぶことに加えて、職員同士が顔見知りになり、それぞれの状況を分かり合うことで、明日からの活力を感じられるような研修を企画するようにしています。

■「3〜4年目研修」のきっかけ

　ある日の委員会で、3〜4年目の離職が話題になりました。「新人でもリーダーでもなく、立ち位置が不透明で、何を目指して働けばよいのか分からなくなるのではないか」、「『3年たてば達成』の感覚があるのではないか」等の意見が出されたものの、明確な理由は見出せませんでした。そこで、3〜4年目職員を対象に、集合研修を企画しました。ねらいは、職員の声から状況を把握し今後のマネジメントに反映させること。3〜4年目職員は、同期職員との意見交換を通じて組織で働き続けるためのヒントを得てもらうこととしました。研修は下記の内容で行われました。

・研修前（「事前課題」の提示）
　入職以降のA.「仕事内容」、B.「処遇（給与・勤務時間等）」、C.「職場の人間関係」の3点について、満足度の推移を記載する。特に変動のあったところは、そのときのことを補足する（参考例：図）。

・研修当日（研修時間：2時間）
① 外部講師を招き、モチベーションに関する諸理論を学ぶ。
② グループワーク（停滞をうまく乗り越えている同期の取り組みを知る。自分たちでできること、組織に求めたいことの意見交換・発表）

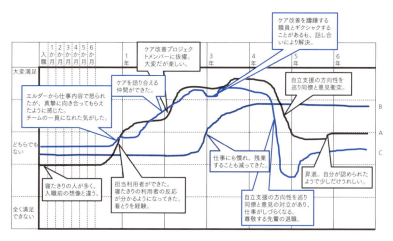

図：仕事・処遇・人間関係満足度（記載例）

③　同期同士での親睦を図る場（飲み会）の開催
・**研修後（自職場にて）**
①　研修で学んだこと・感じたことを意識した実践（職員）
②　研修中に提案のあったことへの対応策を講じる（管理職）

研修の振り返り

　研修後8か月時点で辞めた人はいません。引き続き研修の効果を定期的に把握していく必要があると考えています。この研修は、私たち管理職にも大きな学びを与えてくれました。停滞しがちな3〜4年目という時期だからこそ、意識的に対話する働きかけが必要ということです。こうした働きかけが、彼らの組織への愛着や離職予防、職業人としての成長によい影響を与えるのではないかと考えています。

　　　　　　梅本　旬子（社会福祉法人こうほうえん　介護課長兼東京地区人財研修課長）

第6章 キャリア形成を支援する

　よりよい利用者支援を展開するためには、組織とそこで支援をする個人が成長する必要があります。個人の仕事のうえでの成長において大事なのは、キャリア形成です。
　第6章では、キャリアについて学びます。熟達化できる人はどういう特徴があるかを知り、個人としてのキャリアアップ、さらには、組織が個人のキャリア形成をどう支援するのか、学習しましょう。

ケース　この組織に希望はあるのか？

　山田は、介護老人保健施設B（以下、老健B）で介護職として勤務して8年目だ。

　老健Bには入所、ショートステイ、デイケアと3つの部署がある。山田はすべての部署で仕事をした経験があり、入所が一番好きだ。

　介護の仕事は、利用者と直接かかわってこそ、やりがいを感じることができる。老健Bで働くことにしたのも、在宅に戻る支援をしたかったからだ。20代で介護福祉士の資格を取得し、最初の職場は特別養護老人ホーム（以下、特養）だった。在宅復帰はまずなく、特養の仕事にやりがいを感じなくなっていた時に老健Bのオープニング・スタッフ募集を見つけて応募したのだ。しかし、老健Bも入所者の重度化と長期滞在化が進み、本来やりたかった退所支援とは程遠い状態で、モチベーションが下がっている。そんな山田の楽しみは、レクリエーションの企画と実践で、これが在宅復帰につながってくれれば、と思っている。年1回老健Bの駐車場で開催される地域に開かれた盆踊り大会は、楽しみではあるものの、マンネリ化した企画と地域住民の参加者減少を残念に思っていた。自分に任せてくれれば、集客に寄与できるのに、などと最近思っている。とはいうものの、管理職も介護職も主要なメンバーはほとんど同じ顔ぶれ。管理職もこの8年であまり変化はない。新人は毎年1～2名しか入らず、職員の高齢化を感じている。山田は現在41歳。夜勤がこたえるようになってきている。山田が老健Bで働き続けた場合、どんな未来が待っているのか、想像すらできない。このまま一介護職として従事し、夜勤ができなくなったところで退職かな？　盆踊り大会の仕事も、事務局と先輩職員が中心でなかなかメンバーに入り込めそうにないし……。

1. キャリアと個人

　老健Bは開設の時から、組織内の構造と役職メンバーの顔ぶれに変化がないまま8年が経過しました。働き方のバリエーションも少なく、ここで育った職員たちは将来に不安を感じている状況です。

　このような現場は、職員のモチベーションも落ち、結果としてケアの質が落ち、介護事故などの発生や離職者増など悪いサイクルに進むことがあります。本章では個人のキャリアと組織内でのキャリアについて学んでいきましょう。まずは、キャリアそのものの意味から考えていきましょう。

■ キャリアとは

　キャリアという言葉は、現在さまざまな分野で使われています。キャリア・デザイン、キャリア開発、キャリア教育……。近頃よく見かける言葉ですが、なんだかよく分からない、つかみどころがない印象です。キャリアの定義はあるのでしょうか。

　厚生労働省は「キャリアとは、一般に経歴、経験、発展、さらには、関連した職務の連鎖等と表現され、時間的持続性ないし継続性を持った概念」と定義しています。

　学術的には「キャリアとは、一生涯にわたる仕事関係の経験や活動とともに個人がとる態度や行動の連なり」と定義されています。

　キャリア形成で大切なのは、次の4つの側面です。

　第1に、キャリアは成功や失敗を指すものではなく、早い昇進や遅い昇進を意味するものではありません。

　第2に、キャリアの成功や失敗は本人の認識で、他の利害関係者がみなすものではありません。

　第3に、キャリアとは行動と態度から形成され、価値観やモチベーションの変化など「主観的側面」と職務の選択など「客観的側

面」から捉える必要があります。

第4に、キャリアとはプロセスであり、仕事に関する経験の連続である、としています。

■ 熟達化

キャリアに関連して、熟達化についても考えてみましょう。

熟達化とは、仕事を覚えるプロセスのことです。介護や福祉の現場に置き換えれば、専門職として、あるいは管理職として成長するプロセスを意味します。

・**熟達化にかかる期間**

熟達化にはどのくらいの年月が必要でしょうか。「石の上にも3年」という諺がありますが、実際のところ、3年では一人前にはなれません。どのような仕事でも、高いレベルの知識とスキルを獲得するのに10年は要すると考えられており、これを「10年ルール」といいます。

では、10年頑張れば、誰でも一人前になれるのでしょうか。もちろん誰もがなれるわけではありません。では、なれる人となれない人の差は何でしょう？

・**熟達化の程度**

複数の知見を整理すると、成長し続ける実践家は、3つの共通の姿勢をもっていました。それは、①経験学習、②省察、③批判的思考です。

1つ目の経験学習は、第3章と第7章でもふれていますが、経験から学ぼうという姿勢です。具体的には、まず、拒むことなく開かれた心で対応することです。この姿勢が自分の能力を少し超えた課題への挑戦（ストレッチ体験）を促します。

他人の意見や批判に耳を傾ける姿勢も大事で、新しいことを取り入れる柔軟性につながります。フィードバックを活用する姿勢も重要で、こちらは第7章（p. 114）に詳しく書きました。また、類推体

験の利用が重要です。状況の類似性に注目し、繰り出された知識やスキルを整理することが、新たなる課題解決のヒントになります。

2つ目は省察です。これは、自分の行動を振り返り、吟味するプロセスのことです。こちらも第7章（p. 107）に詳細が書かれていますので、そちらをご参照ください。

3つ目は批判的思考です。第3章（p. 48）の批判的学習モデルで少しふれましたが、他者を批判するのではなく、その眼差し（まなざし）を自分に向けます。その土台となる、論理的思考、探求心、客観性、証拠重視の4つの姿勢が大切です。

論理的思考は、道筋をきちんと考えることです。探求心旺盛に関連することを広く深く知ることで、情報の総体から自分の立ち位置を確認できます。さらには、時々立ち止まって振り返ることも大事で、このような姿勢が客観性を育みます。また、根拠や証拠に基づいて考え行動する習慣をつけることが証拠重視の姿勢ですが、これが論理的思考の土台となります。

■ キャリア・アンカー

終身雇用という仕組みが減ってきた今、自分のキャリアを自分自身で考える必要が出てきています。冒頭の山田さんのように、今後の自分のキャリアをどうしようか悩んだ時に役立つのが、エドガー・シャイン（Schein, E.）のキャリア・アンカーという考え方です。

アンカーとは船の錨（いかり）のことで、キャリア・アンカーとは、自分のキャリアで錨となるような価値観や欲求のことを意味します。言い換えれば、キャリアを選択する際に最も大切な（どうしても犠牲にしたくない）価値観や欲求のこと、また周囲が変化しても自己の内面で不動のもののことをキャリア・アンカーといいます。

仕事の形態が変わるにしても、自分が大事にしていることは何かを探るヒントとなります。シャインは、キャリア・アンカーには①

カテゴリー	原語（英語名）	意味	仕事例
1）全般管理コンピタンス	General managerial competence	責任ある役割を望む、組織を動かしたい	経営者、管理者
2）専門・職能別コンピタンス	Technical/Functional competence	専門性を磨きたい	エキスパートタイプ
3）起業家的創造性	Entrepreneurial creativity	新しいことを生み出したい	起業家、芸術家、発明家
4）保障・安定	Security/Stability	雇用の安定を望む	終身雇用、公務員など
5）自律・独立	Autonomy/Independence	独立を望む、マイペース、縛られたくない	納得できる仕事がしたい、研究職、個人で開業
6）奉仕・社会貢献	Service/Dedication to a cause	世のため、人のための仕事がしたい	社会福祉、医療職、介護職
7）生活様式	Lifestyle	仕事と家庭の両方大事、仕事と趣味の両方大事	ワークライフバランス
8）純粋な挑戦	Pure challenge	敢えて困難に飛び込む	誰も無理と思うことを解決することに喜び

図6-① キャリア・アンカー　8つの種類

出典：エドガー H. シャイン著，金井壽宏訳『キャリア・アンカー　自分のほんとうの価値を発見しよう』白桃書房，2003，25-48頁を参考に著者作成

　全般管理コンピタンス、②専門・職能別コンピタンス、③起業家的創造性、④保障・安定、⑤自律・独立、⑥奉仕・社会貢献、⑦生活様式、⑧純粋な挑戦、という8つのカテゴリーがある、と論じています。これらの意味と相当する仕事例について図6-①に記したので、参照してみてください。
　皆さんの仕事に対する姿勢と8つのキャリア・アンカーを照らし合わせてみましょう。1つだけ該当する人もいれば、複数該当される人もいると思います。
　さらに、シャインは、3つの問いかけによりキャリア・アンカー

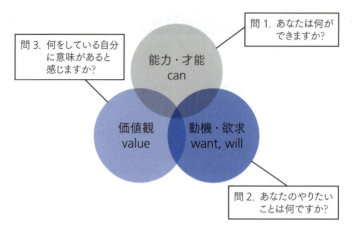

図6-②　自己のキャリア・アンカーに気づくために
3つの問いかけ

出典：ゆきひらつちた「キャリア講座〜価値観を確認してみよう〜」http://www.slidesplayer.net/slide/16522924 を一部改変

に気づくことができる、と説明しています。その3つの質問は、第1に自分の能力や才能、第2に仕事への動機や欲求、第3に自分の価値観に関するものです。詳細は図6-②をみて、実際の自分の答えを書いてみましょう。

　図6-②の3つの輪の重なり部分があなたに適する仕事を示しており、重なっている部分が大きくなることがキャリア開発の理想といえます。キャリア・アンカーを知ろうとすることは、自分と向き合い、内なる声を省察する作業となります。

2. キャリアと組織

　組織の管理職にとってみれば、人材確保は喫緊の課題です。経営層はどのような視点でキャリアを捉えていけばよいのでしょうか。

■ 組織コミットメント

コミットメント（commitment）は「約束、公約、責任、献身、傾倒、深い関与、委託……」などさまざまな意味があります。ここで紹介する組織コミットメントとは、「組織と従業員の関係を特徴づけ、組織におけるメンバーシップの継続あるいは中止する決定に関する心理的状態」と定義されています。

組織への帰属意識や忠誠心などの研究の延長上にある概念といえば分かりやすいかもしれません。個人からみれば、「なぜ、この組織で仕事し続けるのか？」、管理職からみれば、例えば「どうしたら従業員に長くいてもらえるか？」という問いかけのヒントとなる概念です。

■ 情緒的コミットメントと功利的コミットメント

組織コミットメントには2つのタイプがあります（図6-③）。

1つは情緒的コミットメントといい、仲間や組織自体に対する愛着を示します。組織に対する誇りなどの感情もこちらに入ります。組織の価値観と自分の価値観が一体化しているような状態ということもできます。その組織に居続けたい（want）感情です。

```
                    ┌─ 情緒的コミットメント（want）
                    │      愛着、一体感、ほこり
組織コミットメント ─┤
                    │
                    └─ 功利的コミットメント（need）
                           しがらみ、交換関係
```

図6-③　組織コミットメントの分類
出典：鈴木竜太著『自立する組織人　組織コミットメントとキャリア論からの展望』生産性出版, 2007, 30頁

もう1つのタイプは功利的コミットメントです。これは、対価や報酬があるから組織にコミットメントするという交換関係を意味します。

　例えば、あと3年勤めれば退職金の額が変わってくるとか、この仕事をすると昇進するなど、組織に居続ける必要がある（need）という状態のことです。

　両者の関係は互いに影響しており、例えば功利的コミットメントから組織に居続け、居続けることで組織に愛着がわき、情緒的コミットメントが強化され、さらに居続ける、というような循環関係にあります。このように部下の組織コミットメントを高めることで、離職率の減少やパフォーマンスが向上につながるのです。

　組織コミットメントに影響する組織側の要因としては、職務の多様性や役割が挙げられます。一方、個人側の要因としては、年齢、勤務年数、職位などが挙げられます。情緒的コミットメントについてもう少し詳しくいえば、勤続年数に比例して育まれるわけではないという特徴があります。

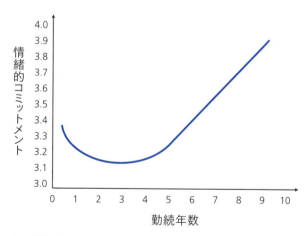

図6-④　組織コミットメントのJカーブ
出典：図6-③に同じ（64頁）

図6-④は、情緒的コミットメントと勤続年数の関係をグラフ化したものです。仕事を始めてから最初の3〜4年は、仕事がうまくできないとか、こんなはずじゃなかった等、情緒的コミットメントは下がっていきます。そして、5〜6年目あたりから上昇傾向になっていくという「Jカーブ」を描きます。熟達化のプロセスにこうした傾向があることを踏まえ、効果的な人材育成と組織内の仕組みを考えていきたいものです。

3. キャリア開発の方法

　では、組織はどのようにキャリア開発を行っていけばよいのでしょうか。
　キャリア開発とは、「個人が仕事に対する自らの考え方や志向性を自覚し、それらに基づいて意欲的に仕事に取り組めるようにすること」とされています。要するに、キャリア開発とは、個人と組織の双方によってなされる共同デザインと考えることができます。
　組織内にキャリア面談やキャリアカウンセリングなど相談の機会や窓口をつくるのもよいでしょう。しかし、窓口があったとしても、組織内に仕組みがなければ意味がありません。ここでは個人のキャリア開発としてキャリアラダーを、組織のキャリア開発としてキャリアコーンおよびキャリアパスを紹介します。

■ キャリアラダー

　キャリアラダーとは、梯子(はしご)を上るようにキャリアアップできる人事の仕組みのことをいいます。
　介護職では、キャリア段位制度があります。内閣府は、キャリアアップに関する国家戦略としてこの制度を位置づけています。図6-⑤は介護プロフェッショナルキャリア段位制度を簡略化して示したものです。新人レベルからトップ・プロフェッショナルまで7

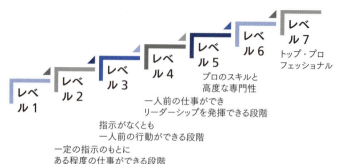

図6-⑤ 介護プロフェッショナルキャリア段位制度

段階に評価基準を設定して構築されています。

社会福祉士では認定社会福祉士制度が、介護支援専門員では主任介護支援専門員という上級資格があり、いずれもキャリアラダーといえます。キャリアラダーは明確なキャリアステップを提示でき、公平性が高く、意欲向上につながるというメリットがあります。

ここで大事なことは、キャリアラダーは一専門職に焦点を当てたキャリアアップの側面が強いということです。

■ キャリアコーン

組織内でのキャリア開発は3次元モデル・キャリアコーンで説明できます。図6-⑥のように組織内でのキャリアの発達を、①垂直次元、②水平次元、③内部者化の3つの次元で捉えてみます。①の垂直次元は昇進、すなわち責任と権限の拡大を意味します。②の水平次元は職務が変わること、③の内部者化は同じポジションで、より中心的な重要なポジションになることを示しています。

①②③を統合したものがキャリアコーンです。ここには、先に論じたキャリアラダーや後述のキャリアパスが含まれているとも読み取れますし、第3章に紹介した正統的周辺参加モデル（p. 48）とも

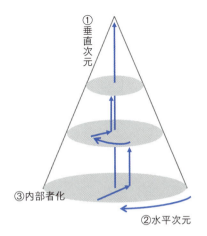

図6-⑥　3次元モデル・キャリアコーン（シャイン）

重なります。

　組織コミットメントを意識しながら、人事制度と絡めながら、キャリア開発の仕組みを組織内で構築していくことが大事です。

■ キャリアパス

　組織内で仕事の枠組みを超えての異動や昇進なども含めたキャリアアップの道筋を示したものがキャリアパスです（図6-⑦）。キャリアコーンで説明すると、垂直次元がキャリアパスに相当します。

　図6-⑦のように、熟達化して一人前になった後、熟練者として歩むのもよし、教育担当となり人材育成に邁進するのもよし、管理職となってマネジメント力を磨き経営幹部を目指すのもよし、多様な道筋を用意することが組織の向上につながる、といわれています。

■ 節目

　個人としては、キャリアアップのタイミングをどう考えればよい

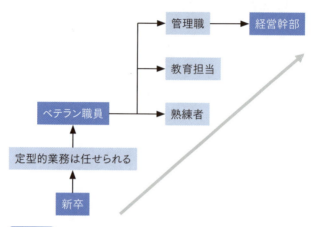

図6-⑦ キャリアパスの設定
出典：全国社会福祉協議会「社会福祉法人・施設における人材マネジメント」（2009年）を一部改変

でしょう。

　修羅場のような苦しい経験が、あとから振り返ると実は成長につながっていることがあります。このような一皮むける経験を過ごした時期を、「節目」の時期と呼びます。

　人は節目に立たされた時に、この危機的状況を乗り越えようと自分のキャリアを深く考えます。節目は、キャリアの移行期（トランジション）と言い換えることもできます。冒頭のケースであれば、「特養の仕事にやりがいを感じなくなった」「夜勤がこたえるようになってきている」などがトランジションといえます。

　トランジションは個人に大きな変化をもたらす危機であると同時に、キャリア・アンカーを考えさせるのです。節目の時期にこそ他者による内省支援が必要であったり、時には偶然や運に身を委ねること（キャリアドラフト）も大事だといわれています。

4. ケース検討

本章で学んだことをケースで確認していきましょう。

> **ケース** 節目
>
> 坂本は、特別養護老人ホームC（以下、特養C）で介護職として勤務して7年目となる。
>
> 3年程前にやめようと思った時期もあったが、自分を気にかけてくれた利用者Dさんの看取り支援がきっかけで、再びやる気を取り戻した[1]。チームで看取って感動を覚えたことや、法人の理念を体感したことが影響している[2]。
>
> その後は介護スキルが向上し、専門職としての態度にも磨きがかかった[3]。今では、ユニットリーダーとしてフロアを守っている[3]。
>
> 自分は順調に成長している、と思いきや、今年の夏は大変であった。施設長に病気が見つかり、入院してしまったのである。1か月に及ぶ療養の間、副施設長の金田が施設長を代行し、坂本は金田の補佐役を務めることになった[4]。
>
> 組織の運営の仕事には初めてかかわることとなったが、こんなにも大変だとは思わなかった。今まで考えたこともなかった黒字や赤字の話、レセプト業務、デイサービスの送迎、家族からのクレーム対応、研修会の企画、施設内広報誌の作成、夏祭りの運営、施設内全職員の統制……。
>
> 坂本にとっては、走り続けた1か月であった。初めての経験ばかりで、綱渡りのような期間でもあった[5]。
>
> 施設長の体調が回復し職場復帰すると、坂本もユニットリーダーの職に戻った。あれから3か月が経ち、坂本はふと考えるようになった。
>
> あの時は気がつかなかったが、今の自分は特養Cの全体の

動きを見据えながら、自分の役割を全うしているような気がする。目の前の利用者とシフトのことばかり考えていたあの頃とは明らかに異なる。
　職人芸的な介護職のプロフェッショナルを目指していたが、管理職もいいな、と思い始めた。次年度の人事に関する面談が近々あるので[3]、法人が提示しているキャリアパスを確認してみよう[6]。

このケースから以下のポイントを確認できます。

[1] ☞ ３年前にやめようと思った時期が情緒的コミットメントの低い時期で、Jカーブに相当する。

[2] ☞ チームでの看取りに感動したり、法人の理念を体感し、やる気を取り戻したのは、情緒的コミットメントが高まってきたことを意味している。

[3] ☞ 坂本さんのキャリア・アンカーは専門・職能別コンピタンス（介護職のプロフェッショナル）、全般管理コンピタンス（管理職もよい）、奉仕・社会貢献（目の前の利用者）、純粋な挑戦（管理職）があげられる。

[4] ☞ 補佐役はストレッチ体験であり、省察もできており経験学習を実践している。これは熟達化のプロセスをたどっている。

[5] ☞ 補佐役としての修羅場の経験が節目といえる。

[6] ☞ 管理職への転換がキャリアパスとキャリアコーンを示している。

第 7 章

育ちと学びを支える

　第7章では、まず、個人が成長するためには省察が必要であることを学びます。次に、他者のどのような支援が育ちと学びを支えるのかおさえます。なかでも内省支援が成長に強い影響を与えることを知り、その場としてOJTを取り上げ、具体的な方法として、コーチングとティーチングを駆使したフィードバックについて学びます。また、リーダーとなるために知っておきたい熟達化を支えるスキルを紹介します。

ケース 施設長の一人相撲

　佐藤は、医療法人Aの有料老人ホームの施設長を務める。
　3名の新人が着任したため、各フロアのリーダーを務める鈴木、吉田、高橋に新人教育を依頼した。
　この3名は、新人の頃から佐藤が育成した生え抜き職員である。同法人には"新人研修の心得"なる日々の業務のチェックリストがあり、これを土台に育成してもらうことにした。
　鈴木は、仕事も教育もできる職員であったが、最近結婚し第1子が生まれたばかり。定時で帰宅するようになった。新人が業務後に相談したいと思っても、鈴木に会うことができず、佐藤が対応することがたびたびあった。
　吉田は、寡黙な人柄であるが、介護職としては職人芸的なスキルをもち、入所者からも人気がある。しかし、人に伝えることが上手でない。自分の技術をみせることで育成業務を全うしているかのようだが、新人側は説明不足と納得しておらず、佐藤に不満を漏らした。
　高橋は、自由にやらせて、ここぞという時に教育的指導をするタイプだ。新人は同僚たちに「野放し状態だよ」とこぼしているらしい。
　このような状況だから、佐藤の気は休まらない。空き時間には各フロアをパトロールし、新人たちの働きぶりをみるようになった。入所者に事故などあってはならないと思うと、ついつい新人の振る舞いに口を出してしまうようになった。1か月後、新人たちはリーダーを通り越して、直接佐藤を頼るようになった。鈴木、吉田、高橋と新人の関係は悪くなり、結果として各フロアの人間関係もぎくしゃくしてきた。

1. 省察とは

本章ではまず、省察について学びます。第3章の経験学習モデル（p.46）で少しふれた内容を深めましょう。

■ 省察とは

省察（しょうさつ）とは近年、保健・医療・福祉・介護の分野で注目されている概念で、英語でいう Reflection のことです。分野によって日本語訳が異なり、「省察」「内省」「反省」「振り返り」「自省」「熟慮」などと訳され、カタカナで「リフレクション」と表記されることもあります。

本書でも文脈によって言葉が使い分けされていますが、同じことを意味しています。本章では「支援」をつける場合は「内省支援」、単体で用いる場合は「省察」と表記することにします。

省察を定義すれば、「実践の経験を振り返り、吟味するプロセスのこと」となります。したがって、内省支援とは、省察を手助けすることを意味しています。

■ 省察によって得られる8つのこと

図7-①には、省察によって得られる8つのことを列挙しました。1つずつみていきましょう。

第1に、学習ニーズを明らかにできることです。目の前の課題を克服するために何を学ぶべきかを明確化できるという意味です。

第2に、人として成長できることです。専門職などの枠組みを超越して、人間力がつくという意味です。

第3に、専門家として成長できることです。新しい知識や技術を身につけ、専門職としての態度や価値観が進化していきます。

第4に、習慣的な行為から脱却できることです。

これはベテランほど難しいものです。若い頃に身につけた考え方

> 1. 学ぶべき事柄を明らかにできる
> 2. 人として成長できる
> 3. 専門職として、管理職として、成長できる
> 4. 習慣的な行為から脱却することができる
> 5. 自分の行動の結果に気づく
> 6. 観察に基づく判断から理論を構築できる
> 7. 介護・福祉の現場のような日々変化する状況での問題解決に役立つ
> 8. 自己をエンパワメントしたり解放したりすることができる

図7-① Reflection によって得られるもの
出典：東めぐみ著『看護リフレクション入門　経験から学び新たな看護を創造する』ライフサポート社, 2009. を参考に著者作成

やスキルを捨てて新しいものに乗り換えるのは、本当に大変な作業です。

　第5に、自分自身の行動の結果に気づくことです。

　私たちは多くの場合、やりっぱなしです。結果がよければオーライ、何も考えません。うまくいかない場合も、いつの間にか解決されていたり、別の問題が生じることで忘れられてしまい、深く考えることをしないものです。それを立ち止まって振り返ろうというのです。

　第6に、観察に基づく判断から理論を構築していくことです。これはまさに第3章で論じた経験学習モデルのことです。

　第7に、不確実性の多い事柄を解決したり決定したりすることです。日々変化する介護現場に適しています。

　第8に、個人としての自己をエンパワメントしたり解放することがあります。

■ 省察的実践家

　ドナルド・ショーン（Schön, D. A.）は、「複雑で動的に変化する仕事場には、省察しながら柔軟に対応する省察的実践（reflective practice）が必要」と論じました。

介護の現場はまさにこのような現場です。利用者の状態は時間とともに変化し、環境に左右され、揺れ動きます。これに伴いADL（activities of daily living：日常生活動作）、介護者の負担、本人や家族の思いなどが刻一刻と変わっていきます。介護保険制度や行政サービスなどの社会資源も社会状況に合わせて変わっていきますし、ケアを提供する側の技術や考え方も日々進歩しています。

　このような現場でフロントラインに立つ専門職は、1日に何度も判断を迫られます。これは、状況を見極め、考えて行動できる実践家、すなわち省察的実践家でなければ務まりません。

　専門職だけではありません。社会福祉法人、NPO法人、株式会社など、介護や福祉の組織を管理する立場の方々も省察的実践家であれば、組織として即時対応を迫られるケースや変わりゆく社会状況に柔軟に対応しながら運営をしていくことができるでしょう。

2. 他者からの支援

　冒頭のケースの主人公は、部下思いで、かつ心配性。何でも自分でやらなければ済まないタイプのようです。それが裏目に出てしまい、中堅職員はやる気をなくし、施設内の人間関係が壊れてしまいました。

　このようなことは、この主人公のように、仕事ができる人にありがちなので注意しなければいけません。リーダーについては、野放しにする指導者もいれば、丸投げにする指導者もいます。「オレの背中をみろ」的な古い体質の指導者もいます。

　若手職員はどのような支援を期待しているのでしょうか。

■ 内省支援・精神支援・業務支援

　職場での他者支援による学習は日本企業43社、18～35歳の若手と中堅の社員合わせて2304名を対象にした調査によれば、若手

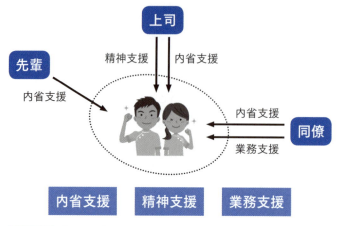

図7-② 育ちと学びを支える周囲の支援

出典：中原淳著『職場学習論　仕事の学びを科学する』東京大学出版会, 2010, 103頁を参考に著者作成

は職場では上司、先輩、同僚から多種多様な支援を受けて成長していることが分かりました。

　特に内省支援、精神支援、業務支援の3つの支援が、若手の学習や成長の手助けとなっていました。言葉の意味はすぐ後に解説します。

　さて、他者と支援内容の関係をみると、上司からは精神支援と内省支援、先輩からは内省支援、同僚からは業務支援と内省支援を受けていました（図7-②）。

　では、この3つの支援は、具体的にはどのようなサポートを意味するのでしょうか。

　業務支援は文字のごとく、仕事の手順や方法について指導したり助言したりすることです。精神支援も察しがつくでしょう。現場でミスをして落ち込んでいる時に話し相手になってくれたり、励ましてくれたり、共感してくれたり、気持ちの乱れを整える支援のことです。

さて、内省支援とはいったい何でしょう。この研究によれば、3つの支援のなかでも成長に特に強い影響を与えたのが内省支援でした。

■ 省察の方法

省察は、具体的にどうすればよいのかみていきましょう。ギブス(Gibbs, G.)の「リフレクティブ・サイクル」と呼ばれるもので、省察の手順を確認することができます（図7-③）。

最初のステップは「描写」で、印象に残った出来事について、何が起こったのか言葉にしていく作業を行います。ここで必ず書き留めることが重要です。書くという作業は、ボーっと考えたり聞いたり見たりするのとは全く別次元の作業で、頭をフル回転で働かせています。書くことで状況が整理できますし、書くこと＝思考ができるということです。

2つめのステップは、その出来事に直面した時に、何を感じ、どう考えたのか振り返ることです。第3章でも述べましたが、「感情」が省察の入口となります。

3つめのステップは「評価」で、何が良くて何が悪かったのかを列挙していきます。

4つめのステップは「分析」で、その状況をどう理解すべきか書いていきます。この段階で何をどう学んだのか、分かってきます。

5つめのステップは「結論」で、この経験で他に何かできなかったかを考えます。

6つめのステップは「行動計画」で、再び同じことが起きたらどうするかを検討します。図7-③に示したように、簡単な質問の答えを絞り出しながら言葉にする努力を続けることが、深い省察へとつながります。

省察の作業は一人ではなかなか難しく、上司や同僚が対話することが内省支援につながります。

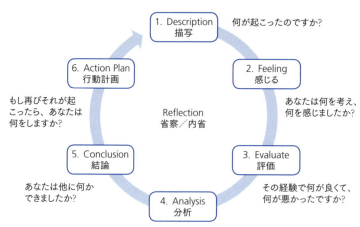

図7-③ Gibbs のリフレクティブ・サイクル

出典：Gibbs, G.(1988), Learning by Doing: A Guide to Teaching and Learning Methods. Further Education Unit. Oxford Polytechnic.

3. OJTで学ぶ

■ OJTによる内省支援

　現場での研修には、3つのスタイルがあります。それぞれ①OJT、②Off-JT、③SDSです。

　OJTはOn-the-Job trainingの略で、職務を通じての研修です。

　Off-JTはOff-the-Job trainingの略で、職務を離れて行う研修です。

　SDSはSelf-development systemの略で、自己啓発支援制度を意味します。

　内省支援・精神支援・業務支援を直接的に行えるのが、マンツーマンで先輩が後輩に指導するOJTでしょう。経験からの気づきや学びは、OJTの質に委ねられており、冒頭のケースはよい例とはいえません。ここで、OJTについて整理しましょう。図7-④は厚

生労働省が提示している新人看護研修における OJT の分類ですが、介護施設や福祉施設ではこれを参考にしているものが多いので提示します。

　プリセプターシップは、新人一人に対して一人の先輩がマンツーマンで一定期間指導するのに対し、補助アサインメントは指導する先輩が日毎に変わります。

　チューターシップは、相談役の先輩を置きますが、一緒の仕事をしているわけではありません。

　メンターシップは、仕事も人生でも経験豊富な上位者が相談役となる仕組みです。

名　称	定　義	備　考
プリセプターシップ	新人ひとりに対し、先輩がマンツーマンで一定期間オリエンテーション担当（一緒に同じ仕事）	日本の多くの施設で実施。一緒に勤務している施設は少なく、チューターシップに近い
補助アサインメント	新人と先輩がペアで患者を担当。プリセプターシップとの違いは日によって先輩が変わる	プリセプターシップやチューターシップにこれを併用する施設が多い
チューターシップ	相談できる担当の先輩がいるが、一緒の勤務でケアをするわけではない	決められた相談相手がいるのは心強いが業務における実践的指導は得られず
メンターシップ	援助し、味方となり、指導し、助言し、相談するために選ばれた人が担当	人生経験豊富で、支援者、指導者、助言者、教育者の役割を全うする。プリセプターシップより長い目。個人のキャリアアップまで含む
エルダー制	先輩が相談役となり、生活や精神面での支援を行う	エルダーとは年長者、つまり先輩。シスター制、ブラザー制と同義語。チューターシップに近い
チーム支援型	特定の指導係は置かず、チームで新人を教育・支援する	チーム内でメンバーが得意分野を指導するよう役割分担がなされる

図7-④ OJT の種類
　　出典：厚生労働省「新人看護職員研修ガイドライン　改訂版」2014, 6 頁を参考に著者作成

エルダー制は、先輩が生活や精神面の相談役となる体制で、ブラザー制度やシスター制度もこれに当たります。

チーム支援型は、特定の指導係は置かずに、チーム全体で新人を育成する体制です。

組織のシステムやマンパワーによって、どのタイプのOJTを選ぶのかが決まってきます。例えば、小さい事業所で交代制で回しているような所では、プリセプターシップは無理なのでチーム支援型で育成しよう、といった具合です。

4. フィードバック

部下の学びと成長に効果的なOJT、効果的な内省支援を具体的にするには、どうすればよいでしょう。

第3章(p.43)で紹介した70/20/10の法則を振り返ると、職場での成長は70％が経験、20％が他者からのフィードバック、10％が研修会などを学習資源としている、と説明しました。

つまり、経験を学びに変えるには、他者からのフィードバックが鍵であることが分かります。そして、フィードバックの多くはOJTが担っています。先輩が繰り出す問いかけやフィードバックの良し悪しで、経験学習モデルのサイクルがうまく回るか否か決まってくるのです。

松尾は図7-⑤に示したように、70/20/10の法則を70％が直接経

成長を決める3つの要素

直接経験	他者の観察アドバイス	読書研修
70%	20%	10%

図7-⑤ 成長を決める三要素

出典：松尾睦著『「経験学習」ケーススタディ』ダイヤモンド社, 2015. を一部改変

験、20％が他者の観察によるアドバイス、10％が読書や研修と説明しています。成長を促すには、1）課題が適度に難しく明確であること、2）実行した結果についてフィードバックがあること、3）誤りを修正する機会があること、の3点を指摘しています。

2）からも分かるように、松尾もまたフィードバックの重要性を論じています。3）の修正する機会は内省支援と関係する場面です。

■ 良いことをした時のフィードバックのやり方

では、フィードバックはどのようにすればよいでしょうか。日本人は部下や後輩を育てるときに、褒めずに注意したり批判したりする傾向にあります。この日本風のやり方は、学問的には良しとはされていないことを知っておいてください。フィードバックの基本は「注意するよりも褒めること」なのです。注意や批判は、ここぞという時にとっておきましょう。

具体的な3つの場面、良い時、悪い時、分からない時に、どのような態度でフィードバックすればよいか考えていきましょう。

まず、良いことをした時は、これを評価しましょう。ぜひ声に出して褒めてあげてください。皆の前で褒めるという方法も時には有効ですが、これは構成メンバーにもよりますので、状況をみて実施するか決めるとよいでしょう。褒めることは仕事への動機付けとなり、良いパフォーマンスにもつながります。褒めたうえで内省支援を加えるとすれば、他の方法はなかったか、もっと良いことはなかったか、落ち度はなかったか等、さらなる向上を促します。

■ 悪いことをした時のフィードバックのやり方

次に、悪い時のフィードバックを考えてみます。褒めることに慣れると、今度はネガティブな話をあまりしたくなくなりますが、何が悪かったのか、注意すべきことをきちんと伝えなければならない時が必ずあります。そのタイミングを逃してはならず、適切な

【ティーチング】	【コーチング】
第1段階： 習う準備 　リラックス、その仕事を知っているか確認、覚えたい気持ちにさせる 第2段階： 仕事の内容説明 　主なステップを説明、やってみせる、書いてみせる、急所を強調…… 第3段階： 実施させる 　やらせてみて間違いを直す、やらせながら説明させる、急所を言わせる 第4段階： 教えた後を見る 　仕事をさせる、わからない時に聞く人を決めておく、たびたび調べる、質問するようしむける、だんだん指導を減らす	1. 基本姿勢（関心と観察） ・職員の成長を願い、関心を持つ ・自主性や自発性を尊重 ・持ち味や潜在能力に注目 2. 基本技法 ・積極的傾聴 ・効果的質問 　── 順調時は成功方程式を導く 　── 悩み、迷い、不安な時はそれを明確にする ・課題の整理と助言

図7-⑥　OJT の効果的指導　ティーチングとコーチング

出典：宮崎民雄監修、全国社会福祉協議会編『改訂　福祉の「職場研修」マニュアル：福祉人材育成のための実践手引き』全国社会福祉協議会，2016.

　フィードバックを行うべきです。フィードバックの手法には大きくティーチングとコーチングの2種類がありますが、悪いことを伝える場合は両者を駆使して対応します。

　図7-⑥は、ティーチングとコーチングの姿勢やステップについて具体的に表記したものです。

　悪いことを伝えるのは、ティーチングでいえば図7-⑥の第3段階に相当します。「やらせてみて間違いを直す」「やらせながら説明させる」などの文言から想像を膨らませてみてください。

　ここに挙げた例はスキルに関することですから、現場のすべてのケースに対応しているわけではありません。例えばケアプランや事業に失敗した場合は、上司が考える失敗の原因や理由を伝え、部下と対話するきっかけとしましょう。耳の痛い話を伝えた後はコーチングの技法で傾聴し、部下に自力で解決させるという自発性を尊重しながら、立て直しを図ります。

S：situation　どのような状況での

B：behavior　どんな振る舞いが

I：impact　どんな影響を与えたか

図7-⑦ SBI情報シート
出典：中原淳著『フィードバック入門』PHP研究所, 2017.
　　　を参考に著者作成

　図7-⑥のコーチングの基本姿勢と技法を改めて見直してください。同時にティーチングの第4段階によるフォローも必要となってきます。ここに内省支援を加えれば、より効果的です。失敗という言葉は使わず、「うまくいかなかったこと」などの言葉で振り返ります。

　「失敗」「ミス」などの表現は部下を追い詰めたり、チーム内の犯人捜しに陥ることがあるからです。ここでSBI情報を確認すると、問題がより明確にみえてくるかもしれません。SBI情報は図7-⑦に示したシートを埋める作業で整理できそうです。「うまくいかなかったこと」と同時に、「うまくいったこと」も振り返ってもらうことが重要です。どんなに悪い事例でも、必ず1つは良いことがあるはずです。わずかでもポジティブな面にも光を当てることで、すべてが悪かったわけではない、あなたを全面的に否定しているわけではない、という気持ちが伝わります。こうした対話が信頼関係を築き、チームとしての成長につながります。最後に上司にも分からない場合はどうしますか？　この場合は、突っぱねたり、話をそらしたりせず、部下と共に考えましょう。チームや組織でリフレクションし、経験学習モデルを回転させるのです。

5. リーダーとなるために必要なスキル

■ 実践知を育む4つのスキル

仕事ができるようになるプロセスを熟達化といいます。熟達化のプロセスで獲得した知恵を熟達知、実践知などと呼びます。これらは実践的な知恵（practical wisdom）のことであり、これには暗黙知を含みます。

実践知を支えるスキルは4つあるとされています（図7-⑧）。

・**第1のスキル：テクニカルスキル**

第1のスキルは、仕事を早く正確に終わらせるためのテクニカルスキルです。私たちは現場で複数の仕事を同時に進めていることがほとんどで、ルーチンワークを行いつつ、具合の悪くなった利用者の対応に迫られたり、外部からの連絡に対応したりと、複雑な作業を行っています。テクニカルスキルは自分がやるべき作業を上手に

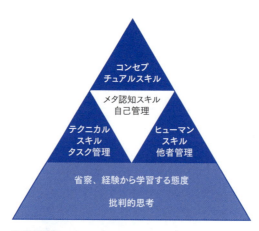

図7-⑧　仕事の熟達知を支える構造

出典：楠見孝著「実践知と熟達者とは」金井壽宏, 楠見孝編『実践知　エキスパートの知性』有斐閣, 2012, 28頁

118　第Ⅲ部　同僚や部下の学びを支える

管理し、仕事を効率よく行うスキルで、タスク管理を支えるものです。
・ 第 2 のスキル：ヒューマンスキル
　ヒューマンスキルは、対人スキルのことを指し、利用者の求めや意思を考慮したり、上司や同僚や他職種とうまく協働するためのスキルです。他者との関係性を構築するスキルですので、他者管理を支えます。
・ 第 3 のスキル：メタ認知スキル
　メタ認知スキルは、自分を一段上から眺めてみて、適切な行動がとれているか省察するスキルです。言わば自己管理スキルで、自分のモチベーションをコントロールしたり、組織のなかで自分を成長させるといった意思の強化にも欠かせません。これによって、悩みの渦中にいる自分を客観視することも可能となります。
・ 第 4 のスキル：コンセプチュアルスキル
　コンセプチュアルスキルは、現場の複雑な状況を理解し、分析を行って問題解決を図ったり、ビジョンを立てて新たなものを創造したりするスキルです。このスキルは管理職には重要なスキルといえます。

　これら 4 つのスキルの土台となるのが、図 7-⑧の三角形の底辺部分に当たる①省察、②経験から学習する態度、③批判的思考という 3 つの姿勢です。
　補足すると、自分の能力を少し超えた課題に挑戦するストレッチ体験、他者からの批判や意見に耳を傾ける柔軟性、フィードバックの活用、過去の類推体験を利用するなどの姿勢がある人のほうが、経験を学びに変えることができるといわれています。こういったノウハウを最大限活用して、あなたの職場でも経験学習モデルを回転させましょう。

6. ケース検討

本章で学んだことをケースで確認していきましょう。

ケース　10分ミーティング

　佐々木はNPO法人Aのデイサービス事業所に勤務して4年目となり、ほとんどの仕事は苦もなくスムーズに行えるようになっていた。

　今年度は2名の新人が同事業所に就職した。佐々木と1年後輩の春日が、新人のお世話係に指名された[1]。

　新人を迎えるに当たり、佐々木は春日と研修のやり方について話し合うことにした。佐々木は新人担当2年目であったが、春日は初めての任務ということもあった。また、同じ法人の有料老人ホームでは指導者によってやり方が異なり、新人たちから不満の声が上がった、という話を昨年聞いたこともあった。

　そのため、法人内で使用されている"新人研修の心得"という日々の業務チェックリストを使うことにした。業務チェックリストといいつつ、これは、利用者への態度を記した10項目程度の簡単なリストである。

　毎日、夕方の利用者の送りから戻ってきたところで、佐々木・春日両チームとも、新人職員とマンツーマンで10分間のミーティングを行うことにした[2]。佐々木が休む時は春日が、春日が休む時は佐々木が新人二人のミーティングを受け持つことにした。業務の手順などで分からないことに対しては職務中に随時対応し、利用者が危険にさらされた場合は、その場で介入して注意するよう決めた[3]。

　新人が着任して1か月が経過した。10分ミーティングは、最初はチェックリストの確認であったが、1週間もするとマンネリ化してきたため、やり方を変えることにした。1日の仕事

を振り返り、気になったことを表現してもらう時間とした [3]。

うまくいったこと、うまくいかなかったこと、疑問点を出してもらった [4]。その場で即答したことは意外と身につかず、ヒントだけ与えて翌日からの実践で考えてもらったほうが身につくことが分かった [5]。自分で見つけたという発見もあるようで、やる気を促すような気もした。

ある時、胃ろうをつけた利用者の入浴介助を上手にやってくれたので褒めると、それは自信につながったようだ [6]。非番の時に別チームの新人と対話することで、指導法の若干の違いに気づき、そのことが佐々木と春日の成長にもつながった。二人のOJTのやり方はさまざまな気づきをもたらし、チェックリストの改訂からOJTのあり方まで法人全体に広まる勢いだ。

このケースから以下のポイントを確認できます。

[1] ☞ 一人の先輩が一人の後輩をマンツーマンで指導しており、基本的にはプリセプターシップをとっている。

[2] ☞ 毎日10分間のマンツーマンのミーティングを行うことはOJTであり、省察を促す。内省支援の機会でもある。

[3] ☞ 佐々木と春日が試行錯誤しながらOJTを共有するプロセスは、経験学習モデルといってよい。

[4] ☞ うまくいったこと、うまくいかなかったことを表出してもらうことが内省支援の入口である。

[5] ☞ ヒントを与えて、自分で発見してもらうのがコーチングの手法である。

[6] ☞ 胃ろうの入浴介助を褒める行為がフィードバックである。

column
複数法人が共同で役職者研修を行う

■ 役職者研修を始めたわけ

　私は複数のグループ法人の研修企画担当をしています。グループ法人の状況を分析するなかで、役職が上位になるにしたがい、役職者としての課題に応じた継続的な研修の機会がないことが明らかになりました。また、役職者は、日常の課題に直面していても、小規模法人では同じ職位の者が少なく、周囲に相談できる人が限られていました。そのため、同じ立場で悩みを語り、励まし合うことができる、グループ法人による集合研修の機会が重要と思われました。

■ 研修を始めて明らかになったこと

　いずれの法人でも多くの役職者は、チームマネジメントの方法や知識を、先輩職員の実践からの経験的な学びに依存しており、そのため自職場の課題をチームごとに明らかにすることや、自分自身のマネジメント課題に気づくことなしに業務を行っている現状が浮かび上がってきました。そこで、役職者研修のねらい・目標を図①の4点に整理し、現場の具体的なチーム課題を客観化でき、さらに事業所内、チーム内の閉じた問題として捉えるのではなく、地域包括ケアシステムの視点をもち、福祉・介護の動向と目指すべきチーム

---

① 複数チームのそれぞれの課題を客観化でき、チームリーダーに適切なサポートができるようになる。
② 基本的な法令や制度の方向性を踏まえた現場課題に気づくことができる。
③ 地域資源の活用や、家族・地域との関係調整について、現場のチームリーダーをバックアップするために、自分自身に求められる課題について客観化することができる。
④ 次のリーダー育成のための意図的な働きかけができる。

図① 役職者研修のねらい・目標

の在り方を俯瞰(ふかん)できる内容に組み立てました。

■ 役職者研修の内容と課題

　実際の役職者研修の項目例は表①のとおりです。1回の研修は3時間30分で行います。毎回、講義だけではなく、参加者同士の意見交換による学びが十分にできるように演習時間を設定しています。第1回に参加者一人ひとりの1年間の行動計画を立て、第2回からは、行動計画の進捗状況についてグループ内で発表し、参加者からのフィードバックを受けながら、現場の実践に結び付けられる内容としています。

　研修内容にスーパービジョンを含めましたが、実践にうまくつながらないことが明らかになり、その要因は、参加している役職者自身が意図的なスーパービジョンを受けた経験がほとんどないからでした。このためスーパービジョンに関する研修時間数を増やし、役職者がスーパーバイジーとなる体験なども含め、現場での実践に結び付けやすいように努めました。

	日程	研修項目
第1回	6月	①チームマネジメント ・チームアセスメント ・課題整理、ツリー分析 ＜年間行動計画の策定＞
第2回	8月	②チームマネジメント ・スーパービジョンの展開
第3回	10月	③チームマネジメント ・福祉施策の動向と福祉組織のあり方 ＜年間行動計画　中間振り返り＞
第4回	12月	④チームマネジメント ・リーダーシップ ・会議・カンファレンスの運営
第5回	2月	⑤チームマネジメント ・効果的な伝え方 ・プレゼンテーション力 ＜年間行動計画　成果発表＞

表①　役職者研修プログラム例

杉原　優子（社会福祉法人リガーレ暮らしの架け橋　統括施設長）

第  部

対立や危機を乗り越え
学び続ける
チームをつくる

第Ⅳ部ではチームを多面的に理解する力を磨きます。
分析力、洞察力、仮説構築力、課題解決力。
本書で学んだ知識や考え方を総動員して、
チームの成長と支援の質を高めていきましょう。

第 8 章
意見が対立する チームを 効果的にまとめる

　支援方針について職員間で見解が分かれたり、どの業務を誰が負担するのかで揉めたり、職員の人間関係が悪くなったりすることはありませんか。第8章では対立（コンフリクト）について学びます。対立のタイプと、その解決方法を紹介します。建設的に対立に対処できると、新たな支援方法や価値が創造されます。
　対立のタイプを見極め、時には意図的に対立を起こすことも含めて、対立を上手にマネジメントする方法を獲得しましょう。

> **ケース**　嘱託医の気づきと私たちのモヤモヤ

◆ 児童発達支援センター：こまどり学園

　岸文子（55歳）の勤務先は児童発達支援センター：こまどり学園である。学園では発達に遅れやつまずきがある就学前の乳幼児の支援を行っている。事業内容は計画相談、親子療育、通所、ことばの教室、各種相談の5つである。

　職員は全部で14名、園長、看護師、管理栄養士、作業療法士が各1名、児童支援員10名である。10名の内訳は50代3名、40代1名、30代2名、20代4名で、保育士資格を有する者が多い。岸は社会福祉士である。1名が相談業務に従事し、残りの9名は通所を担当している。市直営の小組織なため異動はほとんどなく、ほぼ全員が定年まで勤め上げる。

◆ 若手の育成

　通所の9名は3チームに分かれる。50代の3名が主任となり、その下に20代から30代の6名が2名ずつ配置されている。9名を束ねるリーダーは50代のベテラン3名が持ち回りで行っている。本年度は岸がリーダーである。

　ベテラン3名で話し合い、「いずれ私たち3名は相次いで退職する。若手のためにもマニュアルを整えることを本気で考えなければいけない」ということになり、数年かけてマニュアルを整えながら若手を育成していくことを確認した。若手が育っていないのは双方に問題がある。例えば、書類作成。若手はベテランを頼りがちだ。ベテランも求められるままに応じている。

◆ 嘱託医の申し出

　嘱託医の児玉弘人から、思いがけない依頼を受けたのはそんな時であった。学園の嘱託医になって6年、小児の専門医で、

月1回の定期診断で通所児童の健康管理を行っている。彼は岸に「自分は小児科医だが発達や療育に関しては詳しくない。学びたいので、個別ケースの療育カンファレンスをしてくれないか」と申し出たのだ。

　児童のカンファレンスは学園職員で定期的に行っているため「二度手間になるなぁ」と岸は感じたが、「若手の育成につながるのでは」とも考え、療育カンファレンスとして実施することにした。予想どおり職員は「児玉先生のためにカンファレンスをするんですか？　仕事量が増える」と抵抗したが、それぞれの意見をしっかり受け止め、最後には職員たちも承知した。

　児玉の勤務日に合わせて月1回、1時間で3ケース、年間で全児童30人のケースを取り上げることにした。メンバーは園長、医師、看護師、岸をはじめとする9名の児童支援員である。短時間で効率よく進めるために、岸は児童の入園時と現在の対比、療育期間の成果等を可視化できる書式を作成した。これによって職員の資料準備の負担を軽減できたし、カンファレンスの最中に児玉から質問があっても職員が的確に答えられるだろうと考えた。

◆ 初回カンファレンス

　初回のカンファレンスではいろいろなことが生じた。

　まず、職員が児玉とかかわる機会が増えた。嘱託医の対応は園長と看護師とリーダーに任されていたので、大きな違いだ。

　職員同士の阿吽（あうん）の呼吸が医師には通じないことも分かった。例えば、「5歳のA君はシャボン玉遊びをしてもストローで吸い込んでしまうのでまだ難しいです。もう少し手前の遊びにすることにしました」といった時には、定型発達の児童なら1歳半で到達する段階にA君はまだ達していないこと、この段階に到達しているかどうかが発達の1つの重要なポイントで

あることを前提としているのだが、職員はそのことを医師が知らないことをカンファレンスではじめて理解した。こういうことはほかにもたくさんあった。

◆ その後のカンファレンス

2回目以降のことだ。職員は書式を整えると「児玉先生向けにこれで大丈夫か」と聞いてくるようになった。その意図は岸にもよく分かった。児玉は児童の発達に原因と結果を求めていた。例えば、「転びやすい→散歩の活動をした→歩行がしっかりしてきた」「集中できない→その子の好きな絵本の読み聞かせや手遊びをした→集中できるようになった」などである。

医師にしてみれば、「診断→治療や処方→治癒」の方向で考えるのは当たり前だが、障害は社会の理解や本人や家族の構え、職員と本人との信頼関係など、いろいろなことが重なって発達として表れる。医療よりもずっと技術的部分より対人関係的部分が占める割合が高い。そこに療育や発達の特徴があるのだが、医師にそれを理解してもらうのは難しそうだし、ご機嫌を損ねたくない、穏便に済ませるにはこの記載でいいか、との意図なのだ。「大丈夫。よく書けているわ。ここを追記するとさらにいいわね。先生の思考パターンに沿って、原因と結果で整理してみましょう」と岸は具体的にアドバイスした。

そんなこともあり、2回目以降のカンファレンスでは「先生の認識はちょっと違うんだけどな」という気持ちを半ば飲み込みつつ、終わってから職員同士で「あの件についての先生の理解はちょっと違っていたよね」と医師との相違点を確認しつつも、スタッフ間には相違点はないことを確認した。

◆ 嘱託医の気づき

ある日のカンファレンスで、多動な児童について取り上げた

時のことだ。児玉は、父親が児童をつれて自分のクリニックに診察を受けに来る時の様子を話した。

　「診察室で、お父さんは娘さんに『うろうろしないで座っていなさい』ときつく叱るのです。ああいう態度はよくないと思うのだけど、どうなんだろうか？」と述べた。

　岸は、「先生、お父さんは娘さんと外出した時に、『もう少しおとなしくさせろ』と周囲に叱責される経験をたくさんしています。児玉先生に叱責される前に自分が娘さんを叱ることで、自分自身を防御しているのですよ」と答えた。児玉は、「私は叱責したことはないですけどねぇ。でも確かにあのお父さんは、こまどり学園に娘さんを迎えに来た時は『うろうろしないで』とは言わないですね。学園は防御しなくてもいい場なのですね。診察室はお父さんにとって安心できる場ではないのでしょうか……」。児玉は気づいたようだった。

◆ 岸のモヤモヤ
　児玉の態度をみて岸はモヤモヤした。児玉は確実に発達や療育とは何かを理解しつつある。医療だけではない世界観や価値体系を理解しつつある。その様子をみながら、自分たちは医療の視点を理解しているのだろうかと感じた。児童たちの抱えている障害は治癒しないけれど、「診断→治療や処方→治癒」の思考パターンは案外使えるのかもしれないと岸は思った。

【課題】ケースを踏まえて以下に取り組んでください。
① 　チームの発達段階（p. 13）を説明してください。
② 　対立（コンフリクト）について整理してください。
③ 　岸のリーダーシップを説明してください。

課題 1：チームの範囲と発達段階

チームをアセスメントするためには、まずチームの範囲を決定しチームのメンバーを確定させます。このケースの場合、医師である児玉をチームメンバーとして迎え入れるかどうかがポイントです。

図 8-①をご覧ください。A チームは園長と看護師と児童支援員で構成される学園職員チームです。これに医師を加えたのが B チームです。医師はカンファレンスを通じて発達や療育を学び、学園に貢献したいと考えています。よって本ケースを検討する際には、医師を加えた B チームに焦点を当てることが適切です。

チームの範囲は確定しました。では、医師を加えた B チームはタックマンモデル（p. 13）でどの段階にあるのでしょうか。表立った衝突や対立は起きていませんし、カンファレンスは順調に進んでいるようにみえますので、統一期と思うかもしれません。A チームであればそのような解釈も成立するでしょう。しかしながら B チームとしてみた時には明らかに形成期です。岸をはじめとする学園の職員は、医師の思考パターンに迎合して書式を記載しています。学園が大事にしている発達や療育の価値を伝えることもできて

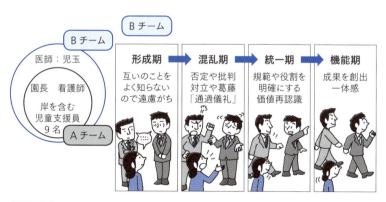

図 8-① チームの範囲とチームの発達段階

第 8 章　意見が対立するチームを効果的にまとめる

いません。形成期に必要な率直なコミュニケーションが医師とできていないため、形成期と判断するのが妥当です。

課題2：対立について

■ 対立（コンフリクト）のタイプ

　形成期にあるチームが成長するためには、混乱期を上手に乗り越えることが不可欠です。そのためには、葛藤や対立に向き合うことが必要です。このケースでいえば、医師の支援観と学園の支援観の微妙な差異についてです。

　対立はタスクコンフリクト、プロセスコンフリクト、関係コンフリクトに分けることができます。

・**タスクコンフリクト**
　　仕事の内容や目標にかかわる対立。その仕事は意義あるものなのか、すべきことなのか、掲げた目標は適切なのか、といったことです。支援観や価値観にかかわる対立もここに含まれます。

・**プロセスコンフリクト**
　　仕事のやり方についての対立。誰に権限があるか、どういった手順で行うか、優先すべきは何か、特定のメンバーに負担が集中していないか、といったことです。

・**関係コンフリクト**
　　メンバー間の人間関係の対立。好き嫌いや立場の違いからくる感情的なものを指します。

　タスクコンフリクトは直面している仕事が複雑でやりがいのある時には、卓越性や質の向上の源泉になります。対立を回避するのではなく、意図的に顕在化させ議論することで生産的に解決することも可能です。プロセスコンフリクトと関係コンフリクトは非生産的

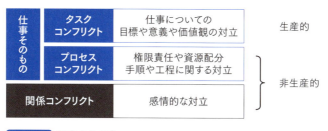
図8-② 対立のタイプ

な対立で、速やかに除去します。一部のプロセスコンフリクトは生産的に解決できることもあります。関係コンフリクトはタスクコンフリクトやプロセスコンフリクトが長引くことで発生します。何もないところで人間関係がいきなり対立することはありません。

　福祉の仕事は、支援の最前線にいる一人ひとりの職員の倫理観や支援観の違いでタスクコンフリクトが簡単に生じてしまいます。声かけのタイミングをどうするのか、食事をどこまで食べてもらうのか、夜間のおむつはずしを目指すのか、本人の行動をどう解釈するのか、このような見解の相違が頻繁に起こる、それがヒューマンサービスの特徴です。

　本ケースにおける医師の支援観と学園の支援観の微妙な差異は、タスクコンフリクトにほかなりません。上手に扱うことで生産的に解決できるタイプの対立です。それぞれの支援観や価値観を率直に話し合い、互いの知識やスキルを補い合いながら統合して、支援の質を高める機会として活用することが望まれます。

■ 対立の発生プロセス

・**第一段階：潜在的対立の発生**
　対立を生み出す原因が発生した段階です。当事者たちは対立があることにまだ気がついていません。

- 第二段階：対立の認識

　当事者の一方が「対立している」と認識した段階です。対立は、相手も認識しているとは限りません。相手に対立の存在を告げないこともあります。本ケースの最後の場面がそうです。岸は医師である児玉が診断→治療や処方→治癒という思考パターンに加えて、学園が大事にしている考え方を理解しつつあることを理解しました。岸はこの時、医師と学園の職員の間には支援観の対立があることに気がついたのです。しかし、医師にそのことは告げていません。

- 第三段階：解決に向けた行動

　対立が明確となり、解決に向けて行動に移す段階です。解決方法については次項で述べます。

- 第四段階：結果

　対立に建設的に対処できた場合、新たな支援方法の開発、支援の標準化、職員の成長や満足など生産的な効果が表れます。先ほど述べたとおり、タスクコンフリクトや一部のプロセスコンフリクトは生産的な効果を生み出す可能性があります。一方、多くのプロセスコンフリクトや関係コンフリクトは非生産的で、長引かせると相互不信や質の低下を招くので、速やかに除去します。

■ 対立の解決方法：その１

　対立のタイプ別にみた解決方法を図8-③に示します。

　タスクコンフリクトは、相手の考え方やこだわりを理解し、双方にとって有益な価値提案をすることで解決を目指します。例えば、介護と看護が受けてきた専門教育の違いを理解し、医療的知識を活かしつつ暮らしの場をつくることを目指す、などです。

　プロセスコンフリクトは、相手の要望を受け止め、双方が折り合える許容範囲を探り、条件提示をして解決を目指します。例えば、シフトを作成する際の夜勤や早朝勤務の負担を、誰がどの程度引き受けるかで対立している時には、この方法を用います。

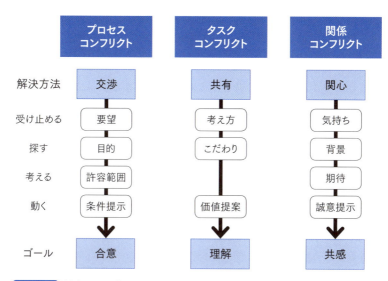

図8-③ 対立のタイプ別にみた解決方法

出典：日本能率協会マネジメントセンター編『異質な力を引き出す対立のススメ──身近な事例で学ぶコンフリクト・マネジメント入門』日本能率協会マネジメントセンター，2015, 176頁

　関係コンフリクトは、相手の気持ちやその背景に関心をもち、誠意を示し共感することで解決を目指します。例えば、負担をかけたくないと一人で頑張る管理者と、仕事を抱えすぎている管理者に不満を感じているヘルパー、こういった場面で用います。

■ 対立の解決方法：その2

　図8-④は二重関心モデルと呼ばれる対立の解決方法です。縦軸に自己主張の程度を、横軸に相手との共同志向の程度をおきます。

・競争

　自分の主張を貫き、相手を服従させる解決方法。相手の希望は満たされないため、関係コンフリクトを生じさせる可能性が高い。利用者の命にかかわるなど譲れない時は採用する。

- 受容

    相手の意向を受け入れる解決方法。自分の希望は満たされないため、こちらのモチベーションは低下する。相手との関係性を修復しやすく、迅速に結果を迎えることができる。将来的なことを考え、今回は譲歩するというのは現実ではよくある。
- 回避

    問題を避ける解決方法。対立そのものを避けたり、対立が存在しないように振る舞う場合に選択。この解決方法を頻繁に用いると、対立に向き合わない癖がつくので注意が必要。
- 協調

    双方の利益につながる解決方法。現時点より1つうえの次元で意見が一致するため、質の高い決断ができ、仕事に対する意欲も高まる。ただし、ここに至るには時間とエネルギーを要する。
- 妥協

    自己主張も共同志向も中程度の解決方法。実際にはよく選択される解決方法。人間関係も保持できるため、協調に至らない時に次善の策として使われることも多い。

　どの解決方法を選ぶかは対立内容や、相手との関係性が長期的なのか短期的なのかによって異なります。協調がベストな選択であることは確かですが、状況をみながら現実的な方法を選択します。

　本ケースの最後の場面で、岸は対立の存在に気づきました。この時点では医師の思考パターンに沿って記録をまとめているわけですから、このままアクションを起こさない場合、受容を選択したことになります。一方で、医師は療育や発達の視点を学び始めており、医師と岸たちの関係は悪くはありませんから、受容以外の解決方法を探ることはさほど難しくないようにも思えます。岸はどのように対応するのがいいのでしょうか。考えてみてください。

図8-④ 対立の解決方法：二重関心モデル
出典：ケネス W. トーマス著，園田由紀訳『コンフリクトマネジメント入門』JPP Web Service, 2015, 7頁

課題3：岸のリーダーシップ

　岸のリーダーシップをPM理論（p.56）で考えてみます。
　M行動（集団維持行動）を十分に発揮していることには異論はないかと思います。療育カンファレンスの開催に抵抗を示した職員の意見をしっかり聞いていますし、医師向けの書類を記載する際に部下が記載した内容を支持したうえで助言をしています。
　P行動（目標達成行動）はどうでしょうか。療育カンファレンス用の書式を整えています。医師の気づきが促されるような発言もしています。P行動は行っていないわけではありません。しかしながら、自分たちが大事にしている価値を医師と共有することはできていません。したがって、P行動は十分とはいえないと判断するのが妥当と考えます。

課題4：チームのよりよい状況に向けて

　岸は学園職員の支援観と医師の支援観に相違があり、対立が潜在していることに気づきました。このまま淡々と療育カンファレンスを進めた場合、解決戦略としては受容を選択したことになります。対立に気づいてしまった以上、この選択肢は好ましくありません。医師は学園の考え方を学ぼうとしており、岸たちが「学園では療育や発達を、先生が考えているように直線的な因果関係では捉えていません。もっと複雑なものとして捉えています」と率直に話しても、耳を傾ける可能性は高いと思われます。であれば、岸のとるべき態度は明らかです。協調を目指すのがよいでしょう。

　職員たちに「児玉の思考パターンに合わせていたけれどそれは間違っていた。自分たちの考え方を医師にしっかり伝えましょう」と述べるのが適切です。そうすることで、医師の視点と学園の視点を統合した新しい支援観を確立することができます。

　対立を忌み嫌うことはナンセンスです。日本は対立を穏便に済ませる傾向が強い文化といわれていますが、タスクコンフリクトを意図的に顕在化させ、適度な緊張感をチームに醸成させ、対話が促進されるような環境を心がけることがリーダーには望まれます。

5. まとめ

本章で学んだことを復習します。

■ チームの切り取り方の大切さ

　チームの状態をアセスメントするためにはチームの範囲を決定し、チームメンバーを確定することが出発点となります。チームをどのように切り取るかはとても大切です。切り取り方によってチー

ムの発達段階やチームの課題は異なるからです。

■ 対立の種類

　対立にはタスクコンフリクト、プロセスコンフリクト、関係コンフリクトがあります。タスクコンフリクトは建設的に対処することでチームに成長をもたらす可能性があります。したがってタスクコンフリクトを顕在化させながら支援の質を向上させることも、選択肢の1つです。プロセスコンフリクトと関係コンフリクトは速やかに除去します。支援の最前線にいる一人ひとりの職員の倫理観や支援観によって、タスクコンフリクトが簡単に生じるという特徴が福祉の仕事にはあります。

■ 対立の解決方法

　対立の解決方法には競争、受容、回避、協調、妥協の5つがあります。競争とは自分の主張を貫き、相手を服従させる解決方法です。受容とは自分の主張を抑圧し、相手の主張を尊重する解決方法です。回避とは問題を避ける解決方法です。協調とは双方の利益につながる解決方法です。妥協とはお互いに譲歩する解決方法です。協調がベストな選択肢であることは確かですが、実践場面では状況をみながら現実的な解決方法を選択します。

column
コンフリクトから支援の「思い」に辿りつく

━━ 新米マネジャーの心の叫びと迷走

「来月からマネジャーとしていくつか事業所をみてほしい」
　当時、事業拡大中だった当社は、マネジャー職のポストを創設し、急速な事業展開を試みていました。
　「これから一人でも多くの人を就職させてやるぞ〜」と意気込んでいた矢先の辞令。任される担当事業所はほぼ新設。業績は停滞、職員間でコンフリクトが起き、人間関係はギスギスしていて、言葉ではうまく表現できないけれども、なんだかみんな不平不満ばかり言ってきます。
　そのような状況では組織が崩壊してしまう、そうしたら利用者にも満足したサービスが提供できなくなる。なんとかしなくては！と曲がりなりにもマネジャーとしての思いに駆られました。とはいえ、「なんでこうなってるの？　どうやって？　誰か解決方法を教えてくれ〜」と心の中で叫ぶ日々。横をみれば、私と同じように頭を抱え、迷走しているマネジャーたちの姿がありました。

━━ 事業所をアセスメントする！　リアルな事例を用いてなんぼ

　当社ではマネジャー職を対象にした研修があります。
　コンフリクト問題はどの事業所でも起きうる問題なのであれば、研修の題材として使ってしまおう！　と思いました。取り上げる事例は実際に現場で起きている（いた）コンフリクト問題です。
　例えば、あるマネジャーに管轄事業所のアセスメントシートを作成してもらいます。シートには職員の特性や背景、実際に起きているコンフリクトのエピソード、更には事業所の業績等を記載してもらいます。事業所を人、事、売上の視点で状態を把握するためです。

そのシートを参加者全員で読み込み、問題の本質は何で、自分たちはどのような介入をしていくのか（できたのか）、チームは今どの段階なのか、チームを構成するメンバーはどのような役割を担っているのか等について議論していきます。その際、ファシリテーターは、チーム生成理論やモチベーション理論に紐づいた進行をしていくとより効果的です。

　本当にこんな研修が役に立つのかと思うかもしれませんが、そもそもマネジャー自身の振り返りの機会でもあり、組織の価値観やマインドを共有する場になっていることが最大の肯定的側面です。もちろん研修で得たことを実践してこそ意味があることに変わりありません。

■ 事業所のマネジメントはチームを作ること

　何度か事例をこなしていくと、コンフリクトの根底にあるものは職員の「支援に対する思い」であることに辿りつきます。事例を通して「思い」について多様な仮説を列挙していくことで、個では気づかなかった視点を獲得することができます。

　また、事業所をチームとして機能させる！　という視点で介入することも重要です。支援の最前線にいる職員のモチベーションが低下すれば、パフォーマンスも低下する。つまり、提供するサービスの質が低下する！　それを防ぐために研修で得た知識を実践する必要があるのです。当社のマネジャー職に求める最大の能力は、機能的なチームを作るマネジメント力といえるでしょう。

石垣　小百合（ウェルビー㈱ 福祉サービス事業部副部長）

第 9 章

介護事故を防ぐため
チームを結集する

　利用者支援に想定されるリスクには、介護事故、交通事故、感染症、苦情、災害、事件、人的損失などさまざまなものがあります。そのうち介護事故は、通常の業務以外にその対応に追われ、職員のモチベーションを低下させ、チームを混乱に巻き込みます。事故の発生確率と影響度合いを予測して、発生頻度を減らし、万が一事故が発生しても事故の程度を最小限に抑えるための管理手法のことを「リスクマネジメント」といいます。
　質の高いケアを提供するチームのまとまりをつくるためにも、リスクマネジメントについて学びましょう。

> **ケース** エスカレートしてしまった苦情

◆ **特別養護老人ホーム：みさと園**

　岸田（32歳、男性）は定員60名のユニット型特別養護老人ホーム：みさと園に勤務している。入職して10年、ユニットリーダーを務めて3年になる。ユニットの介護職は6名で、全員が女性である。勤務年数の長い石井（50代）と中井（50代）が幅をきかせているが、若手の職員はそれはそれとして受け入れ、うまくやっている。

◆ **利用者家族からの苦情**

　そんななか、太田スエさんが入所してきた。要介護5、脳梗塞の後遺症で自分の意思を伝えることができない。夫の剛さんは献身的に介護を続けてきたが、体力的な限界もあり入所となった。剛さんは「私がみなければならないところ、皆さんにご迷惑をかけます」と丁寧に挨拶をしてくれた。

　自宅が近いこともあり、剛さんは、毎日食事介助にこられた。「職員のみなさんの負担軽減のためにもお役に立ちたい」とのことだった。スエさんには誤嚥の危険性があり、介助にはコツがいる。もちろん職員はそれを分かったうえで支援をしているのだが、岸田はそのコツを剛さんに言うことは控えていた。

　ある日、岸田は剛さんから苦情を言われた。口の周りが汚れていたり、シーツにお粥が乾燥してこびり付いたりしている、とのことだった。シーツは汚れにかかわらず毎日交換してほしいとも訴えてきた。岸田は剛さんに謝罪し、丁寧にケアすることを約束するとともに、ユニットミーティングでそのことを伝えた。岸田には思い当たることがあった。石井と中井のケアが雑なのだ。そのことが影響しているのだろうと思ったが、二人を呼び出して注意することは行わなかった。職員たちからは「注意してケアします」との言葉が出たものの、一方で、「シー

ツを毎日交換するなんて無理です」との意見も出た。岸田も、職員の言うとおりだな、と思った。

◆ 苦情のエスカレート
　職員たちはしばらく丁寧なケアを行っていた。しかしながら3か月もすると、石井と中井は雑なケアに戻り、スエさんの口の周りが汚れていることが増えた。タイミングが悪いことに、剛さんの食事介助の際にスエさんがむせることが続き、スエさんは熱発してしまった。
　剛さんは強い不信感を抱き、「最近、また口の周りが汚れている。シーツの交換も毎日していないし、衛生管理に不備があるのではないか」と訴えてきた。岸田は生活相談員に相談した。剛さんの苦情の窓口は生活相談員が引き受けることになった。
　剛さんは頻繁にスエさんを訪問するようになった。介護職にいろいろと質問をするのだが、管理上のことが多く、ほとんど答えることができなかった。「自分たちは剛さんに監視されているようで、不安だ」という職員の声が岸田に届くようになった。加えて、若手の職員は「石井さんと中井さんの雑なケアがそもそもよくないですよね？」と岸田に不満を述べた。職員の関係性は徐々に悪くなっていった。その雰囲気が剛さんにも伝わったのだろう、剛さんはさまざまな苦情を生活相談員に述べ、保健所や市役所にも苦情を申し立てた。その結果、保健所からユニットでの食事提供の方法と衛生管理について査察を受けたり、スエさんの吸引のチューブの衛生管理、介護機器の定期的なメンテナンスができていないこと、部屋の湿度が30％と低いことについて、回答を求める文書が生活相談員のもとに届いた。

◆ 剛さんの本心

　職員は、剛さんに対して腫れ物に触るように接するようになった。生活相談員は、さすがにまずいと思い、剛さんと二人で話をすることにした。剛さんは「妻の口の周りがまた汚れている。それに加えて汚れたシーツや布団をすぐに交換することは全くしてくれていない」と述べ、その後、「妻に申し訳ない。自分は何もしてやれないので、せめて、この施設のケアをよくしたい」と涙ながらに話してくれた。

◆ 風呂場での転倒事故

　スエさんの入浴介助中に事故が発生した。ケアプラン上では二人介助となっていたにもかかわらず、経験の浅い介護職が一人で介助した結果、移乗の際に転倒し、右足首を骨折し、病院へ搬送となった。付き添った生活相談員は、病院に駆けつけた剛さんに何度も頭を下げたが、剛さんとしっかり話し合うことはしなかった。

　現場では岸田を中心に職員全員で、経験の浅い介護職がなぜ一人介助をしたのか、転倒の危険性をなぜ予測できなかったのか、もう一人の介護職である石井はなぜ現場を離れていたのか、これらについて検証を行った。検証の結果、石井は軟膏の塗布が必要だったために看護職員を呼びに行き、経験の浅い介護職はスエさんの体重が軽いので一人で大丈夫だと思った、とのことだった。石井は自分は悪くないと言い、経験の浅い介護職は黙ってしまった。岸田は「状況は分かりました」「リスクマネジメント委員会にその旨報告します」と述べ、それ以上の話し合いは行わなかった。

　事故報告書の作成、市への報告、再発防止に向けた対策案などが、施設長をトップとしたリスクマネジメント委員会で話し合われた。結果を受けて、施設長は剛さんに、施設側に過失が

あることを認め、謝罪するとともに、今後の対応策を説明した。剛さんは「事故を起こした職員を責めることはしない。妻に対してとても丁寧なケアをしていたことは分かっている。きちんと補償してくれればそれでいい。でも、事故発生以前から、そして、それ以降現在まで、生活相談員も岸田さんも私と話すことを避けている、そのことは非常に残念だ」と述べた。入院費とお見舞金が保険会社から支払われたことで、その後、この件が話し合われることはなかった。

◆ 誤嚥性肺炎による入院と死亡

　それから3か月がたった。スエさんの体重が減少していることを心配した剛さんは、職員に理由を問いただした。管理栄養士が「糖尿病のため体重を少し落としたほうがよいので……」と説明を行ったが、剛さんは納得しなかった。自宅からお菓子をもってきて、「食べたいものが食べられないなんて妻がかわいそうだ」と言い、居室で食べさせるようになった。岸田たちは剛さんに注意することができなかった。数日後、スエさんは誤嚥性肺炎の疑いで入院し、帰らぬ人となった。

　葬儀が終わり、剛さんは「自分は納得していない。介護保険の請求には応じない」と述べた。剛さんの長女から、「父は、母が死んで寂しい、話を聞いてくれる人がいない、と話しているそうです」と伝えてきた。岸田と生活相談員は話し合い、施設長の許可をもらったうえで剛さんに会いに行くことにした。

【課題】ケースを踏まえて以下に取り組んでください。
① チームの状況を説明してください。
② リスクの内容と対応について整理してください。
③ 岸田のリーダーシップを説明してください。
④ 事故の経験を活かす方法を考えてみてください。

課題1：チームの範囲とアセスメント

　岸田のユニットチームをアセスメントして、どのような状態なのかを評価してみましょう。実際には第2章の図2-③のアセスメントシートを使用しますが、ここでは細かな点数付けは省略します。

　当初、6名の女性介護職はいろいろとあるものの、うまくやっていました。一方で、岸田は二人の女性職員の雑なケアに課題があることに気づいていながら、そこに介入することができませんでした。同様に、剛さんの食事介助のやり方にリスクがあることを伝えることもできませんでした。タスクは低いと予測でき、「自己満足のチーム」であるといえます。

　そして、後半になってくると、トラブルや事故が多くなり、剛さんの態度もだんだんと硬化します。チームのメンバーも「剛さんに無理難題を押し付けられている」と感じ、剛さんとも、職員同士とも、円滑なコミュニケーションがとれなくなりました。つまり、社会性も低下し、「機能不全チーム」となっているのです（図9-①）。

　この状態を改善していくためのポイントは、職員たちが剛さんもチームの一員なのだと気づけるかどうかです。剛さんはチームのケアに貢献して、妻に心地よく暮らしてもらいたいと思っています。剛さんと対決する姿勢ではなく、また、剛さんの要望を無条件に受け入れるのでもなく、チーム内で課題を共有し、具体的な解決方法を検討することが大切です。あわせて、施設長や生活相談員といった他の職員の力を借りましょう。ユニットの問題に留めるのではなく、施設全体、場合によっては法人全体の問題として捉えるようにします。

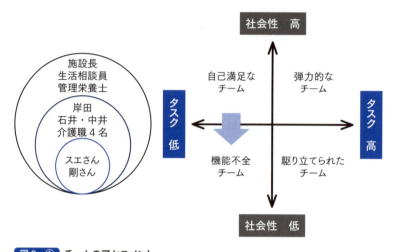

図9-① チームのアセスメント

課題2：リスクマネジメントの全体像

■ リスクの洗い出し

　福祉現場のリスクはどのように把握すればよいでしょうか。リスクには転倒、誤嚥、火災、地震、感染症、虐待、苦情、長時間労働などさまざまなものがあります。これらには、頻繁に発生するものもあれば、滅多に発生しないものもあります。被害が甚大なものもあれば、それほどでもないものもあります。

　リスクを分析する際には、損害の発生確率と事故の危機衝撃度で分類すると分かりやすく、整理できます。図9-②はフィンク（Fink, SL.）の危機予測図と呼びます。これに先ほど列挙したリスクを当てはめると、例えば、転倒や誤嚥は損害の発生確率は比較的高く、命にかかわることも多いため危機衝撃度も高いといえます。地震や火災は、転倒や誤嚥に比べると損害の発生確率は低いですが、危機衝撃度は計り知れません。

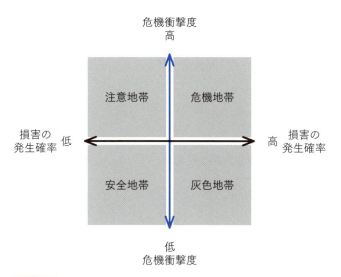

図9-② フィンクの危機予測図
出典：亀井克之著『現代リスクマネジメントの基礎理論と事例』法律文化社, 2014, 55頁

■ リスクへの基本的な考え方

　事故の発生確率と影響度合いを予測して、発生頻度を減らし、万が一事故が発生しても事故の程度を最小限に抑えるための管理手法のことを「リスクマネジメント」といいます。その際の基本的な考え方は、①人は必ず事故を起こすこと、②組織全体で取り組むこと、③事故発生後は被害を最小限にとどめること、この3つです。

　ケースでは、経験の浅い介護職が入浴介助中に事故を起こしました。それに対してベテラン介護職は「自分は悪くない」と述べました。事故を起こした職員に責任を負わせても、事故を減らすことはできません。なぜ事故が起こったかを話し合うことが必要です。事故から学び続けることがリスクの軽減につながり、安全文化の醸成につながります。岸田は話し合いの冒頭でそのことを述べるべきで

した。

　事故の内容は施設長をトップとするリスクマネジメント委員会で検証し、事実を隠さず関係機関や剛さんに報告しています。組織的な対応をしたことは正しいのですが、事故を起こした職員のケアはできていないようですし、剛さんのわだかまりも解けていません。どうすればよかったのでしょうか。

■ リスクマネジメントプロセス

　ケースでは、岸田は初期の小さなリスクにうまく対処できませんでした。スエさんの口の周りの汚れに対するケア、剛さんの食事介助方法への助言、シーツを毎日交換してほしいという非現実的な要望、これらへの初動が適切ではありません。丁寧なケアは中途半端に終わりましたし、剛さんときちんと話し合うこともできていません。その後の対応は後手後手になりました。職員は戦々恐々として、モチベーションは低下し、ユニットの人間関係も悪くなりました。

　このような事態を防ぎ、発生した事故に対して迅速で適切に対応するためには、リスクマネジメントのプロセスを学ぶ必要があります。それらは「リスクの発見・確認」「リスクの分析・評価」「リスクの対応・処理」「結果の検証」の4つからなります（図9-③）。

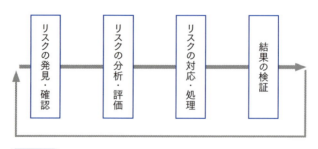

図9-③　リスクマネジメントプロセス

- **リスクの発見・確認**

　過去に発生した事故について発生の場所と時間を念頭におきながらリスクを洗い出します。もれなく把握することが大切です。チェックリストの活用、多数の職員の参加、会議での意識付けを図り、リスクの積極的な発見に努めるとよいでしょう。

- **リスクの分析・評価**

　発見・確認されたリスクを、フィンクの危機予測図を用いて整理します。発生頻度と損失の程度を想定してマトリックス上に配置し、リスクの分析を行います。そのうえで、リスクが発生した際の影響度を踏まえ、優先度を決めていきます。これを「リスク評価」と呼びます。

- **リスクの対応・処理**

　リスクコントロールとリスクファイナシングの2つがあります。リスクコントロールとは、リスクを防ぎ、被害を最小限にとどめることです。例えば、リスクが起こりそうな場面では二人介助とする、転落防止のために低床ベッドを使う、手順書でケアの統一を図るなどです。リスクファイナシングとは、被害が発生した場合に備えて、資金を内部に積み立てる、損害賠償保険や火災保険などに加入して損失を補塡することです。

- **結果の検証**

　発生した事故やヒヤリハットを定期的に検証し、安全対策を見直します。

　岸田は、剛さんの食事介助の方法について気になっていました。リスク発生の危険性を予見していたのです。それに対して何の対処もしなかったために、最後には誤嚥性肺炎を起こし、スエさんは亡くなってしまいます。剛さんは吸引のチューブの衛生管理、介護機器の定期的なメンテナンス、部屋の湿度と感染管理、ユニットでの食事提供の方法と衛生管理などさまざまなことに疑問をもちまし

た。これらリスクの存在を職員は洗い出せておらず、剛さんに言われてはじめて気がついたのです。転倒を防ぐために入浴時は二人で移乗介助することがケアプランには明記されていましたが、それは守られませんでした。転倒、転落、誤嚥、服薬などは事故が発生した際には損害が極めて大きいため、特に注意が必要です。

■ リスクマネジメント体制の構築

　リスクマネジメントプロセスを適切に行う体制を「リスクマネジメント体制」といいます。リスクマネジメント体制には法人レベルのものと現場レベルのものがあります。両者が有機的に連動することが大切です。

・**法人レベルの体制**

　最も大切なのは、経営トップの意思表明と決意です。それを実行に移す場がリスクマネジメント委員会です。法人トップ、施設長、専門職などで構成されます。委員会は定期的に開催され、事故報告書やヒヤリハット報告書、苦情、第三者委員会などを通してリスク

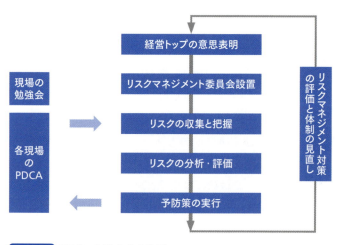

図9-④　リスクマネジメントの体制

の収集と把握を行います。これらの分析と評価を踏まえ、ケアマニュアルや個別ケアの手順書などに対策案を記述し、組織全体に周知徹底していきます。適宜、その評価と体制の見直しを行います。

・現場レベルの体制

　現場の支援は常にリスクと背中あわせであるため、支援者は「安全配慮」と「尊厳・自立」の間でジレンマを感じることが少なくありません。例えば、ふらつきによる転倒が予測できる場合、安全配慮を優先し、歩かないようベッド回りに柵を設けたり、車いすを強要すれば、転倒のリスクは減ります。しかしながら、このような支援は利用者の自立を損ない、尊厳を脅かします。ただ、安全配慮と尊厳・自立は、常にジレンマになるわけではありません。リスクを防止するためにも、尊厳に配慮した質の高いケアを目指す姿勢が大切です。「リスクマネジメント」に取り組むことは「クオリティマネジメント」（ケアの質向上）への取り組みに通じます。

■ 事故防止対策

　事故防止対策としてアクシデント（事故）とインシデント（ヒヤリハット）の報告制度が導入されています。事故が発生した際には懲罰の対象と捉えずに、詳細な事故報告を求めます。チーム全員で分析することで、重大な事故を防ぐ対策を導き出せると考えましょう。ヒヤリハット報告書とは、事故には至っていないものの、職員が「ヒヤリとした」「ハッとした」体験を報告する書面です。

　1つの重大事故の背景には29の軽微事故が存在し、さらにその背景には300のヒヤリハットが存在するといわれています。これを「ハインリッヒの法則」と呼びます（図9-⑤）。ヒヤリハット報告書が多く出されることで対策に取り組むことができ、リスクを未然に防ぐことができます。

　リスクの要因には、職員要因、環境要因、本人要因などがあります。リスクはそれらの要因が一列に重なった時に発生します。これ

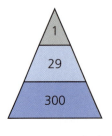
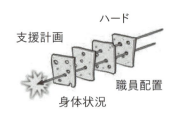

図9-⑤　事故防止対策を支える理論

を「リーズンの軌道モデル」といいます（図9-⑤）。ケースでは、経験不足のスタッフの未熟な知識と技術、利用者の支援を一人で行ったこと、浴室という目の届かない空間での出来事だったため周囲が気づけなかったこと、これらが重なって転倒につながりました。

課題3：岸田のリーダーシップ

　岸田のリーダシップを検証しましょう。岸田は、雑なケアを続けている石井や中井を注意できずにいました。一方で、チームが疲弊するかもしれないにもかかわらず、剛さんの要望を聞こうとします。その結果、ユニットチームの人間関係が悪くなりました。これはPM理論ではpM型の典型といえます。pM型は部下への配慮が強い一方、チーム内の和を大切にするあまり、混乱を避けるために部下に言うべきことを言わないといったことが起こります。

　岸田も、石井、中井に対して言うべきことを言わず、剛さんの食事介助についても適切なアドバイスができず、また、剛さんからの無理な要望に対して、しっかりした対応ができていませんでした。

ただし、剛さんからの要望がエスカレートしたとき、職員から「自分たちは剛さんに監視されているようで、不安だ」「石井さんと中井さんの雑なケアがそもそもよくないですよね？」と岸田に不満を述べたことに対して、岸田は生活相談員に相談したうえで苦情の窓口を設置し、剛さんの要望と本来の職務との不一致を説明するなど職務遂行を重視することがありました。これは、P型の兆しといえるでしょう。

課題４：事故から学ぶ　　〜経験学習モデルの適用〜

　ケースでは事故の振り返りはきちんとできていません。事故を個人の責任に帰すのではなく、メンバー全員で事故を振り返ることが必要です。その時に有効なのが経験学習モデル（第3章参照）です。経験学習モデルは、①経験、②省察、③概念化、④実践というステップを踏みます。リスクマネジメントが経験学習モデルにどのように位置付けられるのかを考えてみましょう。

①経験
　事故が発生します。出来事を事故報告書やヒヤリハット報告書に記載してチームに報告します。

②省察
　個人としては、事故の振り返りや出来事の意味付けをすることになります。チームとしては事故報告書やヒヤリハット報告書を用いて現場検証を行い、要因分析をします。これらの手法を用いて事故がなぜ発生したのかを話し合い、批判的に吟味することで、当事者だけでなくチーム全員で事故の追体験をすることができます。

③概念化
　現場検証や要因分析を通じて、個人やチームの振り返りが深まります。その結果、さまざまな要因が関連付けられ、事故がなぜ発生

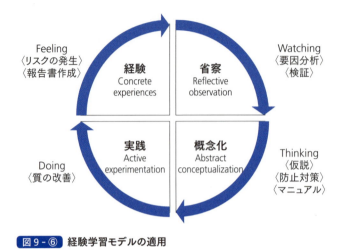

図9-⑥ 経験学習モデルの適用

したのかの仮説がみえてきます。この仮説が事故防止対策やマニュアルの改善や構築につながるかもしれません。

④実践

　事故防止対策やマニュアル、スキームなどに基づいて実践し、支援の質の改善を図ります。

　このように①〜④までのステップを循環させることで、個人やチームの成長につながります。事故の発生理由が要因分析により明らかにされ、事故対策のための立案や具体的なマニュアルやケアの方法につながるからです。事故は、個人にとってもチームにとっても辛い体験です。しかし、同じことを繰り返さないためにも、事故に向き合い、そこから学ぶことは大変重要なことです。

5. まとめ

　本章で学んだことを復習します。

■ 利用者や家族との向き合い方

　利用者と家族の要望を聴くことは大切です。しかし、経済的負担や職員の業務量の増加により、チームや組織に悪影響を及ぼすことに対して毅然とした対応をする必要があります。しかし、それは「対決」ではなく、しっかりとした説明をすることが大切です。

■ リスクの分類と対応方法

　利用者の介護を通じたリスクに「介護事故」があります。事故の内容は日々のケアのなかに潜在化しており、いつ起きても不思議ではありません。介護事故は施設や法人へのリスクへ発展する危険性があります。例えば、訴訟や損害賠償、信用毀損などがあります。そのため、事故や事件は個人の問題にするのではなく、当初から組織的に対応していく必要があります。

■ 事故から教訓を得ることの大切さ

　日々のケアとリスクは隣り合わせです。したがって、常にリスクを想定することが大切です。その際、事故の経験からその背景を省察し、経験を知識として活かしていきます。しかし、実際のリスクではなく、事例を使った研修、KYT（危険予知トレーニング）、ヒヤリハット報告書などを使って事故から学ぶこと、事故を活かして事故を防ぐことを大切にしましょう。

第10章
業務を改善し、実践力を高める

　利用者の日々の支援の質を上げることは簡単なことではありません。状況は一進一退を繰り返すからです。
　第10章では日々の支援を通じて学習する風土をチームに定着させる方法を学びます。タスクフォースを用いて支援の質を改善し、そこで得られた知見をチーム全体の基本原則に落とし込むことの意義を考えます。実践と業務の関係、経験学習モデルについての理解も深めます。学び続けるチームづくりを促進するためのリーダーシップ行動も明らかにします。業務を改善し、実践力を高める方法を身につけましょう。

ケース　原点回帰へのみちのり

◆ 生活相談員：岡崎の悩み

　岡崎健一（35歳）の勤務先は有料老人ホーム：里の家である。生活相談員として入居支援や家族対応をしつつ、行事の企画運営に携わってきた。お花見ツアー、音楽会、地域食堂。こういった行事はワクワクして成果もみえやすい。だが、日々の支援は停滞していた。業務をこなす感じで、創意工夫に乏しい。看取りケアに取り組み始めた頃と比べて、職員のやる気も明らかに低下していた。

◆ 入居予定者：田中さんの願い

　そんな時、入居が決まったのが田中さんだ。ショートステイを利用していたが、猛暑による脱水症状で入院となり、退院のタイミングで入居となった。岡崎は施設ケアマネジャー（以下、ケアマネ）の佐藤と一緒に、病院に田中さんを訪ねた。おむつをつけ、車いすは看護師が押していた。ショートステイの頃とは別人だった。「自分でトイレに行けるようになりたい」と涙ぐみながら何度も訴えた。病院からの帰り道、二人は話し合った。起き上がりは自立しており、一時的な廃用症候群の可能性が高く、集中的な支援でうまくいくのではと見解が一致した。

◆ 集中支援プロジェクトの立ち上げと初回ミーティング

　田中さんは入居後、ナースコールを1日20回以上鳴らした。職員からは「田中さんも眠れていないし、私たちもつらい」との訴えがあった。

　里の家では週に1回、フロアの介護職を中心に利用者カンファレンスを開催している。この場で岡崎は「田中さんはトイレでの排泄を希望しています。プロジェクトを立ち上げます。一緒に取り組んでくれる人はいませんか？」と投げかけた。二

人の介護職が手を上げた。なんとかしたいと思っている二人だ。排尿障害や蓄尿障害も調べる必要があると伝えたところ、看護師の宮島（30歳）が快諾してくれた。二人の介護職と宮島と岡崎と佐藤の5名でプロジェクトが動きだした。

　岡崎は初回ミーティングでプロジェクトの最終責任は自分にあること、試行錯誤は当たり前であることを伝えたうえで、田中さんの困りごとを2つの視点で整理することを提案した。排泄の問題と移動の問題である。介護職の一人から「法人本部の研修でコンチネンスケアについて学んだので、それを使って考えたい」との提案があった。皆が同意し、次回のミーティングまでに①田中さんの意向と希望を確認すること、②研修で学んだ視点で状況を整理することを確認した。介護職の二人が「②は私たちがします」と手を上げた。佐藤が「①は私が。意向が確認できたら二人に伝えるわ」と応じた。

◆ アセスメントの焦点化

　二人の介護職は研修で学んだ知識を用いて排泄と移動について詳細なアセスメントを行った。ミーティングでは岡崎が進行役を務め、二人の介護職が結果を報告した。岡崎は礼を述べ、新しい視点はないですかと投げかけた。沈黙していた宮島が「整理してくれてありがとう。医学的部分の視点が足りないのでは？」と率直に述べ、排尿障害やパーキンソン病について助言した。その結果、以下のとおりとなった。

【移動】
・薬 の 要 因：現在の処方による副作用なし。
・身体的要因：パーキンソン病の疑いあり。
・精神的要因：認知機能は良好。理解力あり。
・環境的要因：居室のレイアウト変更と手すりの設置が必要。

【排泄】

- 薬　の　要　因：現在の処方による副作用なし。
- 身体的要因：排尿障害、蓄尿障害について検査が必要。
- 心理的要因：本人が気にしすぎて頻回なナースコールになっている疑いあり。

　宮島から、神経内科と泌尿器科の受診について提案があった。受診は1週間後に決まった。

◆ 初回カンファレンスと受診結果
　受診日までにコール時間、排尿の有無、移動状況を3日間限定でデータをとることとなった。そのためのチャートは二人の介護職が作成した。カンファレンスでは岡崎が意図を介護職たちに伝えたが、仕事が増えると抵抗を示した。その時、二人の介護職が手を上げて、田中さんの願いをかなえたいこと、皆で受講したコンチネンスケア研修を活かせるチャンスであることを伝えた。二人がそこまで言うならと、前向きな意見に切り替わった。それ以降、岡崎はカンファレンスの進行を二人に任せた。
　受診の結果、排尿障害はないことが確認された。受診日、田中さんは検査に集中していたため尿意を訴えることもなかった。精神的な問題であることに本人も納得したようだった。パーキンソン病については診断が確定し、薬が処方された。

◆ 支援方針の決定とその後の経過
　支援方針は介助から自立支援に変わり、そのことをカンファレンスで共有した。支援方法は二人の介護職が仲間の介護職に発信し続けた。パーキンソン病であることに落ち込んでいる田中さんの心理的支援は佐藤が中心になって行った。
　徐々にコールは減り、トイレ誘導もスムーズになった。田中

さんも手ごたえを感じているようだ。だが早朝だけは排泄の失敗が続いた。試行錯誤を繰り返し、カンファレンスで振り返りを行うものの糸口は見つからない。そんな時、田中さん自身がカンファレンスに同席することになった。田中さんは「早朝は動きが鈍くて……」と発言された。この言葉に注目した宮島は早朝出勤して本人の状態を観察し、パーキンソン病の薬の効き目の問題らしいと当たりを付けた。書籍で薬の効能を確認し、医師に伝え、夜だけは長く効く薬に変更された。カンファレンスでは、「次回は朝方の移動について話し合うので、その点を観察しておいてください」といったように内容を事前に伝えることも増えた。

◆ その後

　田中さんは自分でトイレに行けるようになった。本人も含めて全員で喜びを分かちあった。プロジェクトは解散したが、いくつかのことが現場の仕組みとして定着した。

　岡崎は介護職として働き始めた時のことを思い出していた。あの頃は何もかもが新しかった。一通りのことができるようになった頃に中だるみを覚えた。その状況を変えたのは個別ケアへの取り組みだった。そういった機会を意図的につくることが自分の仕事かもしれない、岡崎はそう感じ始めていた。

【課題】ケースを踏まえて以下に取り組んでください。
①　プロジェクトをチームの視点で説明してください。
②　現場の仕組みとして定着した可能性があることを説明してください。
③　岡崎のリーダーシップを整理してください。
④　今後、岡崎が取り組むことは何でしょうか。

課題1：タスクフォースとチーム

　利用者の日々の支援にかかわるプロジェクトには2つの進め方があります。チーム全体にプロジェクトを割り当てること、タスクフォースとして立ち上げること、この2つです。今回は後者が選択されました。図10-①をご覧ください。プロジェクトのメンバーは生活相談員、二人の介護職、看護師、ケアマネの5名です。多職種から構成された異質性のあるチームでは、個々の専門性を活かした多角的な検討が可能です。生活相談員の岡崎が看護師やケアマネをメンバーに入れたことは、その意味でも適切です。

　岡崎は介護職のシフトチーム全体でプロジェクトを進めることを選びませんでした。なぜでしょうか？　考えられることは2つです。第1にシフトチーム全体のモチベーションが低下していたこと、第2に少人数体制を整えたかったこと。士気の高い少数精鋭メンバーで目標達成に向けて速やかに合意形成を図り、行動に移すことを優先したと思われます。今のシフトチームにこのプロジェクト

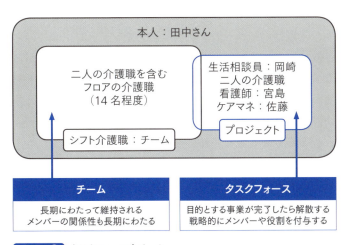

図10-①　タスクフォースとチーム

を負わせるのは難しいとも判断したのでしょう。一方で、最後にはシフトチームと5名のタスクフォースは境界がなくなり、一体化しています。

　特定の利用者の支援を取り上げる場合、本人をメンバーの一人と考える視点が大切です。このケースでも本人がカンファレンスに参加し、皆で成功を喜び合っています。

課題2：業務の標準化と実践力の向上

■ 学びの二重構造

　特定の利用者の支援を通じて、チームが持続的に成長するために有効な手立ては何でしょうか。それは、プロジェクトで経験したことをその利用者限りで終わりにするのではなく、有益だと判断したルール（決まりごと）やツール（道具や書式）やロール（役割）を基本原則に追加して定着させていくことです。

　今回のケースでいえば、①コンチネンスケアを行う際のアセスメントの方法、②データをとるためのチャート、③心理的支援への取り組み、④観察ポイントの事前提示、⑤カンファレンスへの本人の参加、⑥カンファレンスの進行を介護職が担うこと、などがあるかもしれません。より次元の高いこととして、①プロジェクトを立ち上げる際にはケアマネ、看護師、生活相談員などメンバーは多職種を心がけること、②プロジェクトベースで集中的に利用者支援を行うこと、などもあるかもしれません。

　以上のことを図10-②に概念的に示しました。第一層が個別の利用者支援です。ここで得られたものをチームの基本原則に追加することで、第二層の学び続けるチームが構築されていきます。田中さんのプロジェクトそのものは第一層に該当します。第二層への追加は自動的に行われるわけではありません。何を追加して定着させる

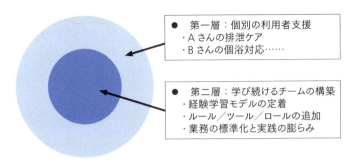

図10-② 学びの二重構造

かを話し合う機会が必要です。

■ **業務と実践の関係性**

図10-②の第二層に「業務の標準化と実践の膨らみ」という言葉があります。大事な概念なので説明します。図10-③をご覧ください。

対人支援の現場は"実践"という言葉を好んで使います。実践は、状況を読み解きながらその場で適切な判断を下して仕事を進めていく様子を表現するのに適した言葉です。ですから、実践は絶えず思考を伴います。これに対比する言葉が"業務"です。業務は、手順書などであらかじめやり方が示されていることを計画的に進める様子を表現するのに適した言葉です。業務は思考せずに進めることが可能です。ケースの冒頭で、生活相談員の岡崎は日々の支援が停滞していることを感じています。支援をひたすら業務として回し、実践を伴っていないと考えると分かりやすいでしょう。

私たちの仕事は実践だけで構成されているわけではありません。実践のなかには多数の業務があります。おむつ交換の一連の流れ、新規利用者への基本的な対応方法など、チームのなかに当然のように埋め込まれ、無意識にできる行為が無数にあります。そういった行為を私たちは実践とは区別して、業務と呼んでいます。こういっ

図10-③　実践と業務

た行為は無意識で遂行できるため、認知に負荷がかかりません。それゆえ、思考を伴う新たな実践にチャレンジする余裕が生まれるのです。同じ実践を何度か行うことで、それらは新たな業務としてチームに定着していきます。そして、さらに大きな実践にチャレンジする。これを繰り返すことで、私たちは実践力を上げていくことができます。ルールやツール、ロールを基本原則に追加するということは、実践として行われてきたことをチームにおいて当然すべき業務に位置付け、標準化していこうとする営みといえるでしょう。

■ 経験学習モデル

　実践とは、思考を伴う試行錯誤の繰り返しです。その試行錯誤をうまく回すのに有益な考え方が経験学習モデル（p. 46）です。経験学習サイクルは、経験→省察→概念化→実践の順で行われます。

　今回のケースを例にとると、経験：トイレ誘導がスムーズになるけれど朝は失敗が多い──省察：朝がうまくいかないのは移動の問題か？　それとも排泄そのものの問題か？　パーキンソン病の薬の効き目が弱くて震えが生じるのではないか──実践：夜間だけ薬を変える──経験：朝の失敗もなくなった！　という流れになるわけですが、これだと概念化が抜け落ちています。田中さんへの対応はうまくいくものの、普遍的な教訓（＝概念化）を引き出すには至っていません。明け方に手足の震えが顕著な場合は薬の効き目が弱く

なっている可能性があるとか、薬の効能がどの程度持続しているかを観察することが大切とか、そういった教訓を引き出すことで、同じようなケースに遭遇した時に活かすことができます。このことは第一層での成果を第二層に追加して定着させることとよく似ています。

　対人支援は個々のケースを離れて事象を俯瞰的に捉えることが難しいため、概念化を省いて経験学習サイクルを回す傾向が強いようです。ここを省くと、這いまわる現場主義に陥ってしまうので、注意が必要です。

　経験学習モデルを回すことは容易ではありません。周囲のサポートが重要です。岡崎は田中さんのアセスメントを移動と排泄の２つに分けて省察するように促したり、二人の介護職が行ったアセスメントに対して「他の視点はないですか」と問いかけています。そのようにして省察を手助けすることが必要です。

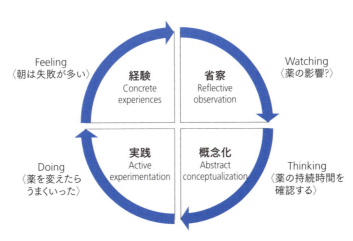

図10-④　経験学習モデル Experimental learning model

■ カンファレンスの構造化

　カンファレンスの目的は情報・目標・支援過程の共有、知識・技術・経験の交換、メンバーの役割理解、チームの成長、継続的なネットワーク構築の4つです。コミュニケーション（対話場）とコンセンサス（合意場）を意識しながら、①現状の把握（主訴）、②その背景にあるニーズの把握、③その状況を説明する情報の共有（アセスメント）、④チームの方針決定と共有（長期目標）、⑤ニーズが実現された姿の共有（短期目標）、⑥目標実現に向けたプロセスと役割の調整、⑦評価と新たな課題の共有、といったプロセスで進めます。

　効果的なカンファレンスを行うためには、カンファレンスの構造化が大事です。ポイントは次の3つで、第1にカンファレンスを短時間にまとめる工夫や配布資料の入念な準備、カンファレンスの到達目標の設定など体制を整えること、第2に検討内容を整理しながら議論があちらこちらに行かないよう運営すること、第3にカンファレンスで決定して取り組んだことを具体的な数値や成否で評価できることです。

　カンファレンスの進行を上手に進めるための技術には、コミュニケーション、プレゼンテーション、ファシリテーションなどがあります。分かりやすく、聴きやすく、具体的な提案、要点がまとまった話など、スキルを上げる努力は必要になります。ケースでも岡崎は周到に先を見越した準備をし、役割を割り当て、メンバーで経過を共有し、サービス提供後に結果を評価することを繰り返しています。

課題3：岡崎のリーダーシップ

　岡崎のリーダーシップはシェアードリーダーシップ（p. 66）で整

理すると理解が深まります。シェアードリーダーシップはメンバーそれぞれがリーダーシップとフォロワーシップを流動的に発揮する仕組みです。

　5名のプロジェクトの公式なリーダーは岡崎です。しかし、二人の介護職はカンファレンスをリードし、看護師の宮島は医学的視点をチームに提供し、ケアマネの佐藤は田中さんの心理的不安の解消を率先して行っています。岡崎がカンファレンスの司会を二人の介護職に任せたことからも、自分だけがリーダーシップを発揮するのではなく、それぞれがリーダーシップを発揮することを肯定的に捉えていたことが分かります。メンバーの貢献意欲の高さ、目標の共有、多様性を歓迎する雰囲気があったため、シェアードリーダーシップが有効に機能したことも忘れてはなりません。

　まだお伝えしていないリーダーシップの考え方をひとつ紹介させてください。第1章 (p. 15) で学び続けるチームをつくるための基本原則は、率直に意見を言う、協働する、試みる、省察する、この4点であることを紹介しました。これを促進するリーダーシップ行動として、①学習するためのフレーミングをつくる、②心理的に安全な場をつくる、③失敗から学ぶ、④職業的、文化的な境界をつなぐ、の4点が紹介されています。

　今回のケースに当てはめてみると、①はシフトチームにプロジェクトを割り当てずにタスクフォースを立ち上げたこと、田中さんの困りごとを移動と排泄という2点の枠組みで考えることを提案したことが該当します。②と③はプロジェクトミーティングの冒頭で責任は自分がとること、試行錯誤は当たり前であると明言しています。④はプロジェクトメンバーの選抜方法、ミーティングで新たな視点を求めたことが該当します。

　②の心理的に安全な場をつくることはなぜ重要なのでしょうか。岡崎は田中さんはトイレで排泄できる可能性が高いと予測していましたが、そこに至るまでに試行錯誤を繰り返すことも予測していま

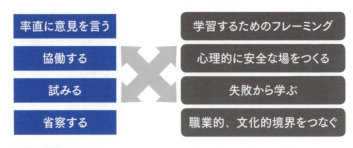

図10-⑤ 学び続けるチームを促進するリーダーシップ

した。試行錯誤が必要な場面では心理的安全を担保し、失敗は成功の素として歓迎する雰囲気が欠かせません。同時に、岡崎はプロジェクトの成功に対して一定の責任がメンバーにかかっている状況もつくりだしていました。タスクフォースを選択することで責任を明確化したともいえます。

課題4：岡崎が取り組むこと

　プロジェクトを終え、岡崎は一連の流れを振り返り、日々の支援の質を地道に改善していく取り組みを仕掛けることが自分の役割ではないかと感じ始めています。

　岡崎が今後、取り組むことは何でしょうか。筆者は、田中さんの支援を通じて試したさまざまなルールやツールやロールを、チームで振り返る機会を設けることではないかと考えます。5名のメンバーで振り返ることも大事ですが、併せて介護職のシフトチームで一連の行為を経験学習モデルで振り返り、今回の取り組みから学ぶべき教訓を引き出すこと、現場のチームに取り入れたいルールやツールやロールは何かを考えること、それが大切だと思います。

　ケースではタスクフォースでプロジェクトが進みました。学びの風土がチームに定着していくと、タスクフォースを立ち上げず、チームで直にプロジェクトに取り組むことも可能となります。

5. まとめ

本章で学んだことを復習します。

■ タスクフォースの効果的な使い方

日々の支援を改善する方法には、チーム全体にプロジェクトを割り当てる方法と、タスクフォースとして立ち上げる方法の2つがあります。前者はチーム全体に学び続ける風土が定着している時は有効ですが、その風土が醸成されていない時はタスクフォースとして立ち上げることが賢明です。士気の高い少数精鋭メンバーを集結させることで、速やかに行動に移すことが可能となるからです。

■ 学びの二重構造・業務と実践の関係・経験学習モデル

個別のプロジェクトを通じて得られた知見のうち、普遍的に有益なルールやツールやロールをチームの基本原則に追加し、チームにおいて当然すべき業務に位置付け標準化していくことが、支援の質を上げることにつながります。業務の範囲が広がることで、より質の高い実践を目指すことができるからです。実践に伴う試行錯誤をうまく回すためには、経験学習モデルの活用が有効です。

■ 心理的に安全な場をつくる

実践は、試行錯誤を繰り返しながら漸進していきます。質の高い実践を目指し、学び続けるチームをつくるためのリーダーシップ行動は、①学習するためのフレーミングをつくる、②心理的に安全な場をつくる、③失敗から学ぶ、④職業的、文化的な境界をつなぐ、の4点です。とりわけ心理的に安全な場をつくり、チームメンバーが試行錯誤を恐れず、失敗から学ぶことを認め合う風土が欠かせません。

第11章
チームの視点で実践現場をスーパーバイズする

　介護現場で大事な価値を実践に結び付けてチームを動かしていくにはどうしたらいいのか、リーダーの皆さんは悩むことはないですか。その実現のために、リーダーって何をしていいのか分からない、どうもうまくいかないと感じていませんか。
　この章では、チームをまとめて、チームを機能させるリーダーの行動について学び、実践力をつけます。各章で学んだことを参考にしながら、チーム診断やリーダーシップ診断をします。また、上司と部下のスーパーバイズの場面にもふれます。

ケース　主任田中のリーダーシップ

◆ **特別養護老人ホーム：桜が丘**

　田中の勤務先は、特別養護老人ホーム：桜が丘である。80人が8ユニット2フロアに暮らしている。ユニットリーダーの上司として二人の介護主任が配置されている。2階は田中で、3階は広井である。二人の上司は山田部長である。

　田中は食事について疑問を感じていた。厨房(ちゅうぼう)から小ワゴンで運ばれてきた食事をユニットで盛り付ける方法は、田中が入職した頃から変わっていない。炊飯はユニットで行っているのだが、そこで留まっていいのかと考え続けている。食事を検討する場には、ユニットミーティング、運営会議（施設長、部長、主任、リーダー、事務長）、食事委員会（委託業者、管理栄養士、リーダー、主任）がある。

◆ **ユニットキッチンの活用、急須でお茶**

　運営会議でお茶の出し方が議題になった。厨房でお茶を沸かしてユニットに運んでいたが、田中は「ユニットキッチンに電気ポットがある。そこでお茶を入れたほうがおいしいのでは？」と問いかけた。

　ユニットリーダーの西田は、「お茶を入れる時間がとれません。電気ポットで利用者が火傷でもしたら大変ですし」と後ろ向きの発言だった。同じフロアのユニットリーダーの井澤は、「うちのユニットでは既に取り組んでいます。急須で煎茶を入れたりもしています」と発言があった。

　田中はしばらく様子を見ていた。会議の進行役は、ほかのユニットリーダーにも意見を求めた。「ユニットで沸かすと香りを楽しんでもらえるのではないか」という意見が多く、お茶はユニットで準備することになった。

◆ ユニットリーダー西田からの相談

　運営会議の後、西田は「少しお時間頂けますか」と田中に声をかけた。田中も声をかけようと思っていたところだった。田中は「ユニットはどんな状況？」と問うた。

　西田は「キッチンでお茶を入れたい気持ちはあるんですけど、I職員が反対するだろうなぁと。どう説明したらいいのか悩みます」と沈んだ表情だ。予想どおり、I職員の影響力が強すぎて西田はうまくリーダーシップを発揮できていないようだ。

　田中は、「利用者の生活を豊かにしたいというあなたがいつも言ってる思い、ミーティングで発信している？」、西田は「いえ……言えてないです。私がいない時はI職員が仕切っていて職員は同調する感じです」と答えた。しばらく考えて西田は、「リーダーとして、利用者の暮らしを豊かにすること、話してみます」と言った。

　田中は「あなたの言葉でしっかり伝えることが大事ですね」と大きくうなずいた。「協力的な職員はいる？」と聞くと、西田は「新人は協力的です」と答えた。田中は、「事前に彼らの意見を聞いておけば、ミーティングで前向きな発言をしてくれると思う。ミーティングを井澤さんのユニットと合同で行うのもありですね。井澤さんに相談してみたら」と助言した。

◆ 田中主任の行動

　田中は並行して、茶筒や急須などの必要数を聞き取り、費用の概算を添えて稟議書(りんぎしょ)を出した。

　後日、田中は井澤を呼び、西田に協力するよう依頼した。井澤は快諾した。どのように協力するのか質問すると、「自分のユニットではできているから、やってみようと問いかけます」とかえってきた。田中は、井澤が自分のチームと同じように進

めればよいと考えていることが気になった。

「井澤さんのユニットは、利用者の生活を豊かにするという考え方が浸透していますね。それはとても素晴らしいこと。西田さんのユニットはその考えが十分浸透していますか？　西田さんがそのことを発信できるようサポートしてください」と依頼した。

◆ チームのアセスメントとメンバーの評価

　西田は井澤のところに行き、ミーティングの手順を議論した。やがて、西田のユニットでもキッチンでお茶を沸かすようになった。

　田中は、二人のリーダーに法人が開発したチームアセスメントシートを渡した。チームをアセスメントして何が足りないのか、どうすればいいのか課題を整理して、行動計画を立てるように指示した。

　田中と広井はチームの見方について合意形成を図った。I職員のことが話題になった。西田よりも10歳年上で発言力はある。基本業務は確実にこなし、勤務態度はまじめ。一方で、新たなチャレンジには消極的。I職員に対する評価はこんなところで一致した。「チャンスがあれば、I職員のためにも異動を考えてはどうか」、「井澤さんのユニットでリーダーを支えるY職員と交代してはどうだろう？」といったやりとりがあった。田中は部長にこの件を相談した。

◆ 食事の改革に向けて

　食事の提供方法にも変化が訪れつつあった。食事委員会で管理栄養士から、「嗜好調査をしました。焼き魚が刻まれていて食欲がわかない、麺が伸びているのでユニットで茹でてほしい、たまにはユニットで調理してほしい、などの意見がありま

した」と報告があった。数か月かけて食事の改革を行うことを決定した。具体的な改善策は、運営会議で管理栄養士が提案することになった。

田中は、「本格的に動き出しそうだ」との感触を得て、委託業者に経過と今後のスケジュールを詳細に伝えた。管理栄養士にはユニットのサポートを依頼した。

田中は、西田と井澤を呼んで、食事の改革をどう進めるのか質問した。西田は「職員の理解を得ながら進めたいので、目の前で魚をほぐすことや、豆腐を一口大にするといったことから始めたい」と述べた。井澤は「ユニットで麺を茹でることも含めて特段の課題はない、皆わかっていると思う」と話した。田中は、井澤が麺類をユニットキッチンで茹でる際の衛生面をどう担保するのか、その間の通常業務は誰が担うのか、管理栄養士とどのように連携するのかなどを考えて発言しているのか気になった。運営会議までに具体的な進め方についての提案書を準備するよう井澤に依頼した。

翌月の運営会議では井澤が準備した提案書をもとに話し合いを進め、ユニットで麺類を茹でる計画が整理された。田中は、「利用者の食欲や食事量の変化を記録し、結果をケースカンファレンスでケアマネジャーとも共有して個別サービス計画に反映しましょう」と提案した。

進捗の差はあったが、結果としてユニットで麺類を茹でてほしいという要望は実現した。現在では、厨房や管理栄養士と連携しながら、個別サービス計画に食事面がしっかりと反映されている。一段落した頃、ほかの異動と合わせてI職員とY職員の異動が発表された。

◆ **田中主任の省察**（リフレクション）

田中は自分が行ったことは何だったのかと振り返った。目標

は同じ方向だが、2つのチームと二人のリーダーに対して異なる働きかけをしながら道筋をつくっていたように思えた。以前、第三者評価の研修で聞いたストラクチャー・プロセス・アウトカムの考え方とつながった。チームに働きかける場合に応用できるのではないかと思った。広井に話したところ、「できそうだね。二人でチームの状況を話し合った時があったでしょう。あの時、私たちはチームのアセスメントをしていたと思う」と言われて共感した。

　西田のユニットはY職員の異動で空気も変わり、新人も中堅も積極的に意見を述べるようになった。西田はそのことを田中に報告してきた。一方、井澤は、I職員がチームから浮いている状況に悩んでいるようだった。介入すべき時期が来る前に井澤が支援を求めてくるといいな、と田中は思った。

【課題】ケースを踏まえて以下に取り組んでください。
① 　ウエストの「チームのアセスメントシート」（p. 25参照）で西田チームと井澤チームをアセスメントしてください。
② 　PM理論（p. 56参照）で西田と井澤のリーダーシップを説明してください。
③ 　田中が行った介入を整理してください。

課題１：介護チームの構造とアセスメント

現在、ユニット型だけでなく従来型においても、介護単位を小規模にする工夫を進めています。ケアチームごとにリーダーを配置し、その上に複数のチームを束ねる役職者を配置するなどです。この事例でも、8つのチームにリーダーを配置し、二人の主任はそれぞれ4つのチームをサポートする立場で、上司には全体を管理する部長が配置されています。まず、この構造を認識して、事例を検討していきましょう。

■ 2つのチームのアセスメント

西田のチームと井澤のチームを、ウエストの「チームのアセスメントシート」(p.25)を用いてアセスメントしてみましょう。

西田のチームは、利用者の暮らしの質を高めることや、サービスの見直しや改善について話し合うことが難しく、タスクができていない状態です。I職員の行動がメンバーのストレスとして重くのしかかってもいます。リーダーやメンバーはI職員との間に葛藤があ

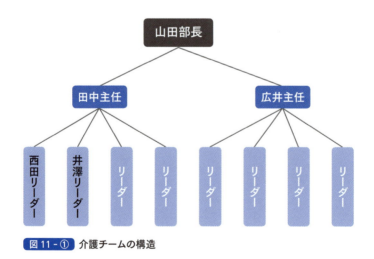

図11-① 介護チームの構造

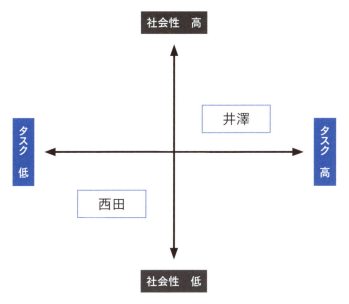

図 11 - ② チームのアセスメント
出典：図2-④に同じ

ると考えられ、社会性は低い状態です。したがって、西田のチームは「機能不全チーム」であり、介入が必要な状態といえます。

井澤のチームは、利用者の暮らしが大切という考えが浸透していることが確認できます。サービスの改善の話し合いやその取り組みもスムーズに運ぶようです。「弾力的なチーム」と判断できます。ただ、井澤の発言には何か不安を感じませんか。

課題2：リーダーシップの評価

二人のリーダーの行動からリーダーシップを評価します。先に述べたチームのアセスメントとは異なります。混同しないように注意しましょう。第4章のPM理論を用いて、P行動、M行動で整理します。

西田は、利用者の暮らしを支えるために必要な価値、目指すべきことは理解しています。この点だけみると「P」であると考えられそうですが、価値や目指すべきビジョンをチームに伝えることができていません。声の大きいI職員の意見におされてしまっています。結果、チーム内に同調圧力（集団のメンバーが常にその集団に受け入れられたいと望むため、集団の規範に同調しがちであること）を生んでいます。したがって、「P」ではなく「p」と評価できます。
　M行動については、新しい取り組みを始める場合に、説明や協議の場をもち、チームメンバーの理解を得ながら進めようとするので、「M」であると診断できます。
　井澤リーダーは、新たな取り組みを進めていこうとします。P行動については「P」と診断できます。M行動についてはどうでしょうか。チームに対する説明や考え方の共有に対する配慮はみられません。また、ユニットでの食事の提供を見直す場合に、関係する管理栄養士との連携には考えが至っていないようです。以上からM行動については低く、「m」と評価できます。

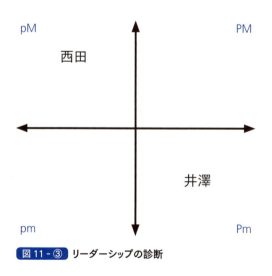

図11-③　リーダーシップの診断

課題 3：田中主任の介入

リーダーとチーム内外に対して田中のとった行動をみていきましょう。皆さんが田中の立場であれば、どのように行動しますか？「自分なら○○する」といったイメージをもって進めていきましょう。

■ 田中主任の介入

ここでは、図 11-④を用いてチームリーダーシップを説明します。チームリーダーシップは、チーム内志向とチーム外志向に分かれます。チーム内志向の P 行動と M 行動に加えて、チーム外志向として環境を整える行動があるということです。

このケースに出てくるような中間管理職で複数のチームを束ねる

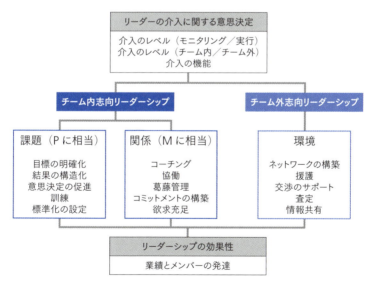

図 11-④ チームリーダーシップ
出典：山口裕幸編『コンピテンシーとチーム・マネジメントの心理学』朝倉書店, 2009, 81 頁

立場のポジションになれば、チームの外側の資源や環境を把握して多方面に対して行動することが求められます。チーム内への行動に関しても、チームの状況を評価したうえで適切に介入することが必要となります。

・**チーム内への介入**

　田中は二人のリーダーにチームアセスメントシートを渡しています。チーム運営がうまくいかない時、個々の職員の問題や人間関係や感情の問題にとらわれて本質的な課題を見失うことがあります。そうならないように、客観的にチームの状態を評価するツールを提示して、アセスメントに基づくチーム運営の視点をもつように促しています。

　併せて、田中は二人のリーダーのPM行動の評価に基づき介入しています。

　西田自身は価値を理解していますが、そのことをチームに発信できていません。したがって、課題に直面した時、チームが大事にする考え方を確認することができないままとなっています。そして、I職員にリードを奪われ、いきなりお茶の話になってしまっています。この点については「利用者の生活を豊かにしたいというあなたの思いをあなたの言葉でしっかり伝えることが大事」と、田中が助言しています。I職員が発している同調圧力に関しては、協力的な新人が意見を出しやすいように、具体的に助言しています。更に同調圧力を弱めるために、井澤のユニットと合同でミーティングをもつことを提案しています。

　井澤に対しては、西田へのサポートを依頼しています。井澤の強みである「P」を発揮してもらい、西田の「p」をサポートしてもらおうとしています。井澤の「m」については、I職員の異動によって自身のM行動の課題に気づかせようとしています。I職員とチームとの関係を通じて「M」の力を獲得できるように育成したいというねらいがみえます。

・チーム外への介入

ユニットを超えた田中の介入を通じて考えていきましょう。

① チーム外の場を活用する

2つのチームの問題に留めることなく、施設全体の支援の質の課題として議論するために運営会議を活用しています。ユニットと食事委員会がつながりをつけることや、管理栄養士にも連携の動機付けを図っています。

② 組織の機能を活かす

法人の開発したチームアセスメントシートを活用しています。新たな取り組みの費用を予測して、必要な備品購入の稟議を出しています。同僚である広井とチームの状況を情報交換したうえで、意見交換のなかで導かれたI職員の異動という提案を上司にも相談しています。組織の構造に介入して、組織の機能を活用しているといえます。このような行動ができる田中は、組織における自分の位置取り、職責、職務の認識をしっかりできているということになります。

③ 交渉サポート

食事の委託業者に、食事サービスに関する議論や経過といった必要な情報を提供しています。食事提供に関して、協力要請の可能性は大ですので、先を予測したうえでの大事な介入です。

田中は、①部下を通じて、よりよいケアを生み出すというマネジャーとしての役割、②部下が自ら課題解決ができるように助言するスーパーバイザーとしての役割、この2つの役割を意図的に行っています。

■ 田中主任のスーパーバイズ

ここで、再び田中の行動に注目してみます。二人のリーダーと対峙する場面での行動です。田中は課題に対していきなり方法を押し

つけるような態度ではありません。二人のリーダーに対して、対話によって価値や目標を確認する場面や、「どう考える？」あるいは「どうしたい？」といった質問によって考えを引き出す場面があります。

　各々の成長度に合わせて方法を押しつけるのではなく、思いを引き出し、助言や方法を提案するといった態度で接しています。その後も進捗を見守り、必要に応じて継続的に介入しています。つまり、スーパーバイザーとして、二人のリーダーを自ら課題解決できるように育成しようとする意図と態度を確認できます。

　筆者が新人の頃の介護は、どちらかといえば効率重視で、後に集団ケアや業務優先と評価された時代でした。食事や入浴、排泄ケアの方法を先輩や上司から習い、同じようにできるように努力しました。困った時は先輩や上司に聞き、よい方法ややり方を教えてもらいました。自分で考えて自分で答えを導きだす育成ではなく、業務を教える、答えを教えるといった場面が多かったと記憶しています。

　尊厳や自立の支援、本人中心といった価値が明確になった現在は、専門職は本人のニーズや環境に合わせて自分で考えて、判断し、行動することが求められます。そのためには、田中のような態度で部下に伴走し、成長を支えるスーパーバイザーの存在が必要です。

■ そしてチームは変化する

　再びチームに意識を戻します。人事異動によって、2つのチーム状況は変化しました。井澤チームでは I 職員とチームとの間で「対立や葛藤」が生まれています。井澤は悩んでいますが、今のところ主任の田中には相談ができていません。田中は井澤が相談に来るのを待っていますが、チームの状況は把握しているようです。

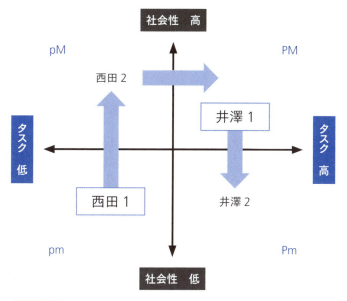

図11-⑤ チームの変化

　「対立や葛藤」に対処するためには、チームの目的や価値、チームの在り方について議論する場づくりや、コミュニケーションの質や量を高めていかなければなりません。井澤自らM行動を強く発揮して、チームの「対立や葛藤」に対処できるように、田中がスーパーバイズを行うことが必要になると予測できます。対立や葛藤（コンフリクト）に関しては、第8章を参照してください。

　西田チームは協力的なY職員が加わったことで同調圧力は解消し、チームの雰囲気はよくなり、メンバーは意見を言いやすくなっています。一見よい状態とみえますが、ここがゴールではありません。西田に対して、どのようにスーパーバイズしていけばよいのでしょうか？ チームのメンバーに助けられて社会性を高めた西田チーム。次は、西田自身がP行動を「p→P」へと獲得できるように、スーパーバイズする必要が出てきました。

田中は二人のリーダーが「PM」の状態を目指しつつも、チームの状況に応じて「Pm」や「pM」といったリーダーシップを使い分け、チームをまとめていけるよう育成することになるでしょう。

4. 介護現場のスーパーバイズの課題

　介護現場のチームでは介護のやり方ではなく、尊厳や自立を支え、パーソンセンタードの視点をもち、チームとしての在り方や価値を共有することが何よりも大切です。支援やケアは個別性、多様性を目指すことが求められています。

　チームは、より個別性の高いケアを届けるために、小規模、地域化しています。一方で、チームを率いるリーダーや役職者は介護の知識や技術を習得していても、部下や後輩を育てるために必要な知識・技能・態度の習得、チームづくりに関する学習や経験を十分積まないまま役割をもち、戸惑っているといったこともみられます。「バイジー経験もない」「育てかたが分からない」「リーダーとしてどう行動していいのか分からない」「自分ができているのかどうか分からない」といった声が聞かれることもあります。リーダーを育成するスーパーバイザーの存在や人材育成の仕組みは必要ですが、構築するには難しく、時間もかかることは事実です。

　OJTやスーパーバイズの課題に加えて、OFF-JTの課題もあります。知識や技術取得の研修に留まらず、介護のOJT場面を取り上げて、価値を再考することやスーパーバイズについて学ぶ役職者への研修プログラム、リーダーとリーダーシップについての知識、理解を深めるための演習等、経験年数や役割に合わせて研修を体系化することも課題です。

5. まとめ

本章で学んだことを復習します。

■ チーム診断とリーダーシップ診断

　アセスメントなきリーダーシップは、リーダー個人の特性に頼ったものです。効果的なリーダーシップを発揮するには、チームのアセスメントは必須です。ここではチームの社会性、タスクの2つの視点でみていきました。次にリーダーのリーダーシップをアセスメントしました。チームのアセスメントとリーダーシップのアセスメントを混同しないようにしてください。自身のアセスメントに対して、同僚や上司に話して助言や意見をもらうことも大切です。

■ 複数のチームへの介入とリーダーシップ

　チームを取り巻く状況を大局的に客観的に捉えて、ほぼ同時並行でチーム内外への働きかけが必要です。ケースでは、複数のチームを束ねる主任の行動を通して、①2つのサービスエンカウンターチームへの介入、②組織、委員会といったラインや多職種への介入、③結果として、業務の改善とチームリーダーの成長、といったポイントで整理しました。チームへの介入にはゴールはありません。動きや変化を確認して予測しながらの継続的介入が必要です。

■ チームリーダーを育成する視点

　チームリーダーと主任の対話の場面がありました。リーダー自らが成長できるように、見守り支える主任の意識が働いています。自分のやり方や成功体験を押し付けるのではなく、何を目指すのか、リーダー自身がどうなりたいのか、どんなチームにしたいのか、対話によって引き出していくことです。指示待ちではなく、自分で考えて行動する人材を育成していくために必要な行動です。

第12章 住民の力を呼び込み、地域で暮らす

　本書ではこれまで、事業所内でのチームアプローチを中心に考えてきましたが、チームは必ずしも事業所内とは限りません。高齢者の地域生活を支える事業所外のチームには、専門職のみならず、家族、親戚、知人、友人、近隣住民、ボランティア、商店など地域のインフォーマル資源がチームのメンバーに加わることがあります。そのため、ダイナミックな取り組みが必要になります。
　第12章では、本書のしめくくりとして、地域で暮らす高齢者を支えるチームをどのようにつくっていくのか、小規模多機能型居宅介護事業の事例を通じて考えてみたいと思います。

> **ケース**　多くの人々に支えられて終末期を迎える

◆ 小規模多機能型居宅介護事業所：ふるさとの家

　小規模多機能型居宅介護事業所（以下、小規模）ふるさとの家は、開設10年目を迎える。事業所の理念は「地域とつながり、一人ひとりの暮らしを支える」である。管理者の伊藤（男性、45歳）は5年目で、介護福祉士と社会福祉士の資格を取得している。小規模は、通い、泊まり、訪問などの機能にケアマネジメントが内包された包括報酬型のサービスで、職員は通い、泊まり、訪問に対応できるマルチな能力が求められる。管理者やケアマネジャーには、地域の社会資源とのつながりを構築する力量が求められる。

　ふるさとの家の登録者は20名で、平均要介護は3.0と全国平均より高い。職員は管理者、計画作成担当者（ケアマネジャー）、常勤の看護師、常勤の介護職5名、非常勤の介護職4名、非常勤の看護師2名の計14名である。介護職は40代から60代のベテランが揃っている。伊藤は彼女たちの意見を聴きながら日々の業務を進めているが、医療依存度の高い利用者が多く、看護職と介護職の間にさまざまな葛藤がみられる。

　伊藤は「運営推進会議」を活かして、自治会長、民生委員、家族、近隣住民との関係を深めていきたいと考えている。そのため、事業所の運営状況を説明したり、防災訓練や地域の行事に参加しており、地域の課題や高齢者について相談が持ち込まれることもある。

◆ 医療依存度の高い佐々木さん

　4月、総合病院のソーシャルワーカーより、がん治療が一段落した患者の退院後の生活支援について依頼があった。

　利用者は佐々木さん（男性、70歳）、要介護1である。ソーシャルワーカーからの情報では、入院時に比べて体重が10キ

口減少し体力低下が顕著であること、妻とは死別しており、長女とは疎遠になっていること、身元保証人は以前の勤務先の同僚の石井さん（男性、63歳）ということだった。近隣住民との関係は挨拶程度だが特に問題はない。民生委員の小林さんは、本人の入退院について石井さんから相談を受けていた。

　伊藤とケアマネジャーは佐々木さんと病院で面談し、希望を聴いた。風呂に入りたいこと、買い物や通院の補助をお願いしたいとのことだった。5月より小規模の利用の開始が決定し、当面は週2回ほど入浴のために通うこと、小規模に加えて、訪問看護ステーションが月2回訪問することとなった。

◆ 入浴、買い物支援、定期受診が始まる

　身元保証人は石井さんに引き続きお願いすることとなった。佐々木さんと石井さんは木工製品の作業所に勤務していた。佐々木さんは体調を崩して退職したが、石井さんは現在も勤めている。佐々木さんは「作業場で製品を作りたい、だから元気になりたい」と話していた。

　利用を開始するといろいろなことが明らかとなった。好き嫌いが激しく、食事は1日に1回しか取れていないこと、薬を飲むと体調が悪くなり、それが嫌できちんと服薬ができていないこと、家計が苦しく、入院しているとお金がかかるため退院したこと、生活費は年金で賄えているが、医療費は貯金を取り崩していることなどである。

　佐々木さんは食事が十分に取れていないため、体重を増やし体力をつけていくことができない。この課題を中心にしてカンファレンスを開いた。参加者は佐々木さん本人、伊藤、ケアマネジャー、看護師、介護職、訪問看護師。訪問看護師から服薬の徹底、配食の利用の勧めがあった。服薬の管理は小規模で行うこととなった。ケアマネジャーからは、元気になって作業場

のボランティアに行けることを目標にすることが提案され、伊藤は買い物や通院の補助について提案した。

◆ 治療費未納により経済困窮に陥る

12月まで治療を続けたが、佐々木さんは「治療をやめる」と言ってきた。貯金が底をつき生活が苦しいとのことだった。治療費も未納になっていた。お金がかかることを理由に配食もやめ、自宅の水道や電気も止まり、脱水や体重減少が心配された。伊藤は、通いを増やし暖かい環境で過すこと、必要に応じて泊まりを使うことを勧めたが、泊まりは食事代がかかると応じてくれなかった。

預金通帳と印鑑、健康保険証の紛失も明らかになった。認知症が進んでいるらしい。水道を止められているため、水は近隣住民からペットボトルで分けてもらっていることも明らかとなった。小規模の職員は、水分や食事を持って1日複数回訪問することになった。トイレを流すことができず、便臭がひどいため、ポータブルトイレを設置した。

小規模の職員は佐々木さんの支援に負担を感じていた。伊藤とケアマネジャーは民生委員の小林さんを通じて、近隣住民や福祉推進員の協力をお願いした。安否確認の訪問や気がかりなことがあった場合、小規模に連絡がほしいと伝えた。小林さんは「できることは協力するが、住民と佐々木さんの関係ができていないので深くはかかわれない」と釘を刺された。

◆ 緊急のカンファレンスを招集し、生活の立て直しに取り組む

職員の負担は増加した。伊藤は緊急のカンファレンスを佐々木さん宅で開催した。小規模の職員に加えて、本人、石井さん、民生委員、病院のソーシャルワーカー、社会福祉協議会職員、生活サポートネットワーク（フードドライブ）が参加した。

病院のソーシャルワーカーからは通院によるがん治療が提案された。食材は定期的にフードドライブを利用できること、脱水防止のため小規模から電解質水を届けること、治療費の未納分は社会福祉協議会の生活福祉資金貸付制度を利用できること、年金や通帳の管理は日常生活自立支援事業でサポートできること、電気と水道を再開すること、小規模は通院介助と短時間の訪問を毎日行い、洗濯、昼食、入浴などの支援を行うこととなった。民生委員と福祉推進員は、時間を決めて安否確認をしてくれることになった。民生委員の小林さんは地域住民に声をかけ、一人の住民が安否確認を手伝ってくれることになった。佐々木さんはそれを見て、勇気を出して疎遠になっている長女に連絡を取りたいと希望し、石井さんが連絡してくれることになった。

◆ その後の経過

　佐々木さんは長女に会うことができ、地域での生活は継続している。しかし、治療、生活支援、介護、年金など問題が増え、小規模の職員の負担も増え続けている。伊藤は、地域のさまざまな社会資源とのつながりをつくることができれば、佐々木さんが介護を受けるだけでなく、本当の意味で地域に暮らし続けることが可能になるのではないかと考えていた。そのための状況をどのようにつくっていけばいいのか、協力してくれる住民をどうやって増やしていくか、今後の課題である。

【課題】ケースを踏まえて以下に取り組んでください。
① 　小規模と地域の関係について説明してください。
② 　チームの状況と伊藤のリーダーシップを説明してください。

課題1：小規模多機能と地域との関係

　小規模多機能型居宅介護（以下、小規模）は在宅介護を支える場としての機能だけでなく、地域での生活を支える場としての機能も持ち合わせています。そのため、地域住民を含めて、さまざまな社会資源と協働して利用者の生活を支えていく必要があります。このことによる影響を考えていきましょう。

■ 地域の「生活者」を支える

　患者は急性期から回復期を経て退院に向かいますが、退院後の「患者」は「生活者」に変わります。生活者には個別的に、多様で複雑なニーズがあり、そのため、ひとつの職種や機関でそれを支えることは困難です。小規模は通い、泊まり、訪問、ケアマネジメントの機能を内包したサービスですので、利用者のニーズが変化しても柔軟に対応することができますが、決して万能ではありません。支援を抱え込むと職員の負担感が増え、疲弊し、そのため離職につながりかねません。職員だけで支えることは、本人の地域生活にとっても好ましいことではありません。そこで、生活を支えるチームとして地域に点在するフォーマル・インフォーマルな資源とつながり、在宅生活を支援します。

■ 事業所内チームと事業所外チーム

　このように、小規模はサービスが外に開かれているので、事業所内チームと事業所外チームの2層あります。第11章でチーム内志向リーダーシップとチーム外志向リーダーシップを紹介しましたが、それが事業所を越えて存在すると考えてください。
　事業所内チームと事業所外チームでは構造的な違いがあります。事業所内チームは、同じ職員が仕事に携わるため、利用者や家族との人間関係づくりは深まりますが、メンバーが変わらないことでマ

ンネリ化し、チームの凝集性が落ちるため、メンバーの動機付けを維持する必要があります。一方、事業所外チームは、別機関に所属する専門職がいたり、地域住民がいたり、知識や情報のレベルが違ったりします。また、課題に取り組む期間がメンバーによって違ったり、課題によってメンバーが入れ替わっていくため、チームへの帰属意識が低いという問題があります。

　また、利用者のニーズが変わると、支援する側は柔軟かつ臨機応変にサービスを変えていかなければなりません。チームの目標が同じでも生活課題が変われば、新しいメンバーがチームに加わります。チームは常にタックマンモデルでいう形成期と混乱期を行き来し、活動が停滞しがちです。

　このケースでは、佐々木さんが地域生活を始めた頃の課題、新たな治療が必要になった頃の課題、治療費を払って貯金がなくなり生活困窮に……と、課題が変化しています。地域の社会資源を活用する場面も増え、事業所内チームに加えて事業所外チームが増えています。今後も新たな課題が生じると、その度にメンバーが入れ替わり、増えて複雑化していくでしょう。

　利用者の暮らしをつくるということに決まった支援方法があるわけではないので、利用者とのかかわりのなかで支援方法を生み出していきます。チームは問題解決のための行動様式をつくるのではなく、課題解決を通じて常に学び続けようとする思考様式が必要になります。学習するチームをつくるとはそういうことですが、組織を越えた事業所外チームを含めてそれを実現するには高い力量が求められます。

■ 地域の「拠点」としての小規模

　小規模は、「利用者に寄り添いながら継続した地域生活支援を行う」つまり「伴走型支援」ができるサービスだといわれます。そのため、さまざまな資源とつながりながら成果を上げる地域の「拠

点」としての役割が小規模にはあります。この拠点という意味には、小規模がコミュニティケアの中心的な役割を果たすことへの期待が込められています。

　利用者の主訴とニーズは、当初から一致しているわけではありません。例えば、「服薬管理や通院支援、通いを使いながら生活を安定させる」というニーズがあるものの、利用者は「家で暮らしたい、お金がないから通院しない、サービスは使わない」という主訴がある、といった具合です。小規模では、カンファレンスを通じて必要なサービスを提案し、時間をかけて「主訴」と「ニーズ」を近づけていきます。チームには回り道や失敗を重ねながら成果を出していく、気の長い取り組みが求められます。

■ **チームの取り組みの見える化**（軒下マップ）

　図12-①をご覧ください。小規模では、本人への支援の現状はもちろん、本人を取り巻く資源を明らかにするために、「軒下マップ」（エコマップ）というものを作成しています。佐々木さんにはどのようなつながりがあるのか、それが現在も継続しているのかを「見える化」することで、「つながりの強化」「つながりの復活」「つながり同士のつながりづくり」など、支援ネットワークづくりに活用できます。

　「軒下マップ」を見てわかるとおり、ニーズの変化に合わせて地域の社会資源も加わり、ふるさとの家の職場内チームと職場外チームが一体となって佐々木さんの生活を支えることとなります。

　本人のニーズが変わると新たなサービスが加わり、必要がなくなるとチームから退出します。このケースでは、課題に対して新たな資源との関係が増え、これまで途絶えていた関係が復活し、関係のあるもの同士がつながり、大きなネットワークに発展しています。

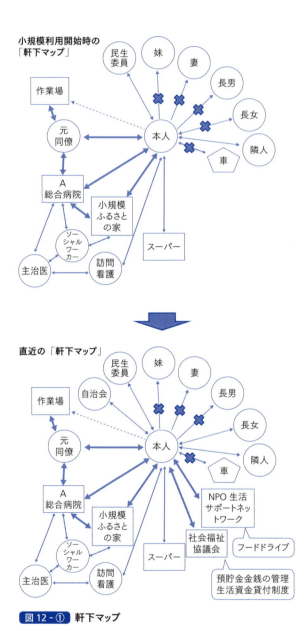

図12-① 軒下マップ

■ 「普段」からの地域住民との関係づくりが大切

　地域住民は普段は緩やかな関係でつながっていますが、利用者の課題によってはそれが本人の見守りに変わり、また、日常生活の手助けに変わります。地域住民は、利用者を手助けするために地域で暮らしているわけではありません。そのため、小規模は地域住民と「普段」から関係づくりを続けることが大切です。

　このように小規模は問題を抱え込まず、外に関心を向け、開かれることで、利用者を中心とした「つながりの輪」も広げていくことができます。そしてつながりの輪は、佐々木さんの支援が終了してもなお残り、今後の利用者にとっても便利で大切なものに進化するでしょう。それらがチームの経験を増やし、チームの成長につながっていきます。

課題2：チームの状況と伊藤のリーダーシップ

　さて、ケースを少し紐解いて、チームやリーダーシップにおける課題について考えてみましょう。

■ 小規模における事業所内チームマネジメントとリーダーシップ

　伊藤は管理者になって5年、チームメンバーへの配慮も業務遂行についても問題はありません。開設10年を迎えた落ち着いた事業所で、ベテラン職員が定着して、伊藤は周囲に相談を持ちかけたり、職員の考えを尊重したり、場合によっては権限と責任を相手に与えます。リーダーシップのSL理論（第4章）で説明すると「S4型：委任型」に相当しています。

　仮に伊藤が指示的行動を強く出すと、ベテラン職員から反発がきたり、意欲をなくしたり、離職につながるかもしれません。リー

ダーは、自分の行動特性（集団維持機能、目的達成機能）と部下特性（部下の成熟度）を捉えたリーダーシップの発揮について配慮することが求められていますが、伊藤はうまくできているようです。

また、小規模は職員一人ひとりの能力に依存する傾向があります。そのため、伊藤だけがリーダーシップを発揮するのではなく、他のメンバーが一時的にリーダーとしての役割を発揮して、それ以外のメンバーは役割を発揮している者に協力するシェアードリーダーシップの理論（第4章）を活用することもできます。このケースでも、管理者である伊藤はいくつかのカンファレンスに出席するとともに、介護職員や看護職員、ケアマネジャーもカンファレンスに参加させています。管理者がいなくても自分の考えで行動し、管理者に代わってリーダーシップを発揮できるように地域の状況を理解できる機会と環境を整えていくことは、小規模のような職場では大変重要な課題です。

■ 目標だけでなく理念や思いを共有する

チームで活動する場合、具体的な目標を共有して一歩一歩具体的に進めていくことはとても大切ですが、理念や思いを共有することも大変重要です。どちらか一方が欠けたり、過剰になったりしていては、支援は立ちゆかなくなります（図12-②）。

理念や思いを共有するとは、在宅の利用者を支援するに当たって、どのような考え方を基本的な姿勢として共有するか、支援をしていくうえでの原理原則としての決まりごとやルールを共有することです。思いを言葉にしていく際の手がかりが、法人の理念や専門職の倫理綱領です。倫理綱領では守秘義務が課されています。また、本人の意思を尊重し、できる限り自律した生活を支援すること、利用者に最善の方法で支援を提供すること、危害が加わらないよう支援するうえで留意すること、公正中立に支援を受けることができること、なども課されています。これを「医療倫理の4原則」

（自律尊重原則・善行原則・無危害原則・正義原則）といいます。

このケースでは、カンファレンスに佐々木さん本人が参加し、意向を聴いています（自律尊重原則）。また、貯蓄が減り、年金だけでは医療費や介護サービス費、生活が賄えないことに対して、通院でのがん治療の提案、生活資金貸付制度による立て直し、医療費や介護サービス費の減免制度の活用、日常生活自立支援事業、フードドライブの活用などを提案しています（善行原則・正義原則）。

小規模が提案し調整しているだけではなく、行政や社会福祉協議会の制度の活用を余すところなく追求することは、「理念や思いの共有」があって行われることです。そのために福祉専門職が存在しているわけです。事業所外チームには地域住民やボランティアなど

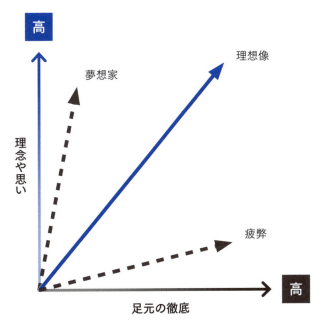

図12-② 理念や思いの共有

出典：一條和生, 徳岡晃一郎, 野中郁次郎著『MBB：「思い」のマネジメント』東洋経済新報社, 2010, 29頁

非専門職が加わります。暗黙の了解で考え方が共有されることもありますが、せめて支援の方向性についての考え方を非専門職に伝えて、メンバー全員で理念や思いを共有しておいたほうがいいでしょう。

■ 制度や機関でつながるチームから人でつながるチームへ

地域で多職種協働について議論する際に、「顔の見える関係づくりから腹を割った関係づくりへ」というキャッチコピーを耳にします。チームをつくっていくことは、単に仕事の成果が上がればよいということではなく、コミュニケーションをベースにしたよりよい人間関係の構築が前提になるといわれます。しかし、自己主張が強く協調性が低いと、よりよい関係はつくれません。

意見対立が顕在化し、条件の対立（職種、配属、性別、年齢、経験年数など）に認知の対立（価値観、知識、経験）が重なり、感情の対立につながる危険性があります。その結果、没交渉な状態になり、チームワークどころか、話もできない関係になります。第8章で取り上げた対立（コンフリクト）マネジメントを思い出してください。

このような経験は、事業所内外のチームのなかで起こります。効果的なチームをつくる基本原則でも学びましたが、チームはある事象をきっかけにコミュニケーションを通じて成長していくものです。そのきっかけを壊す危険性を排除することが、他事業所、他職種、他機関、地域住民がつながっていくうえでの配慮すべき重要な課題です。そのためにできることとして、カンファレンスを「構造化させる」ことがあります。詳細は第10章（p. 168）をみていただくとして、このケースでは、佐々木さんにとって必要な時期に病院や本人の自宅で、課題を明確にして、かつ課題に沿った資源を用意し、常に本人が参加して意向を聴く機会を設け、サービス提供後に結果を評価できるように準備しています。

本書から学んだことを参考に、ケースを紐解いて課題を考えてみました。いかがでしょうか、ケースを読んで皆さんが体験している場面と重ねながら話し合うことで、さらに多くの課題が見つかるかもしれません。

　福祉や介護の仕事は、専門職だけで行う場面が現状では大半だと思います。本書もそれを前提に内容を構成しましたが、ここで示したように、これからは地域とともに支援を組み立て、暮らしを支えていく時代になります。そのような機会が巡ってきた時に、是非、本章で学んだことを思い出してください。

あとがき

　本書は、介護・福祉の現場で働くリーダー層向けに書かれた、マネジメントの入門書です。一般的にマネジメントというと、経営戦略、人的資源管理、会計・財務、組織開発、こういった内容を思い浮かべる方が多いようですが、これらは経営層に近いマネジャーになってから学ぶのに適した内容です。現場に近いリーダーにはもっと大切なものがあります。リーダーシップ、チーム、人材育成、モチベーション、リスクマネジメント、サービス管理。まず学ぶべきは、これらの内容だと私たちは考えています。相談援助職であれば、ここにソーシャルワークのスーパービジョンが加わってきます。

　リーダーやマネジャーにもいくつかの階層があることを教えてくれたのは、筆者らの勤務先である専門職大学院の院生たちでした。彼らの多くが部下の育て方が分からない、チームの切り盛りの仕方が分からないと言って入学してきます。どうすれば理論と実践を結びつけた授業を展開し、彼ら彼女らが現場をマネジメントするコツを身につけ、チームとしての支援力を高めていけるのか。辿り着いた答えは、院生たちの経験を授業でフルに活かすことでした。

　本書ではたくさんのケースを紹介しています。授業のなかで繰り返し用いているものもありますし、今回、新たに書き下ろしたものもありますが、いずれもが支援現場での実際の出来事をベースとしています。利用者の事例検討が深い学びを提供してくれるように、職員やチームに焦点を当てたケースはとても有効です。日々の実践

は文脈や状況に依存して展開しますから、ケースによる疑似体験を通じて、定石や理論が腹落ちしていくようです。ビジネススクールにはケースメソッドという授業方法がありますが、そこから得た気づきも多く、一部の授業で取り入れています。

　そのようなわけで、本書は実践現場で働く皆さんとの協働作業の末に誕生したものにほかなりません。ケースの作成ならびに提供にご協力を頂いた佐藤史子さん、野村優一さん、早川伸夫さん、矢野悠さん、吉田文子さんにお礼申し上げます。あわせて、私たちにたくさんの気づきを与えてくれた修了生・在籍生ならびに研修で出会った皆さんにお礼申し上げます。最後になりますが、中央法規出版の照井言彦さんと鈴木涼太さんにも記して謝意を表します。

　本書が介護・福祉現場で働く皆さんにとって、明日からの支援の一助となることを願っています。

2019年10月　執筆者一同

参考文献一覧

石川淳著『シェアド・リーダーシップ』中央経済社、2016.
一條和生、徳岡晃一郎、野中郁次郎著『MBB：「思い」のマネジメント』東洋経済新報社、2010.
インターリスク総研編『介護サービス事業者　リスクマネジメントの学校』日総研出版、2006.
エイミー C. エドモンドソン著、野津智子訳『チームが機能するとはどういうことか』英治出版、2014.
エティエンス・ウェンガーほか著、野村恭彦監修『コミュニティ・オブ・プラクティス』翔泳社、2002.
エドガー H. シャイン著、金井壽宏訳『キャリア・アンカー　自分のほんとうの価値を発見しよう』白桃書房、2003.
太田貞司監修、諏訪徹・坂本洋一編著『介護福祉の組織・制度論』光生館、2015.
太田肇著『承認欲求「認められたい」をどう活かすか？』東洋経済新報社、2007.
太田肇著『承認とモチベーション』同文舘出版、2011.
『介護のしごとの道しるべ』自由工房、2014.
『介護のしごとの道しるべ2』彼方舎、2016.
亀井克之著『現代リスクマネジメントの基礎理論と事例』法律文化社、2014.
金井壽宏、高橋潔著『組織行動の考え方』東洋経済新報社、2004.
金井壽宏、楠見孝編『実践知　エキスパートの知性』有斐閣、2012.
楠見孝、前田樹海著『経験を糧にするのは問いと振り返り：エキスパートの暗黙知を学ぶ』週刊医学界新聞、3065号、2014.
河野龍太郎著『医療におけるヒューマンエラー　第2版』医学書院、2014.
ケネス W. トーマス著、園田由紀訳『コンフリクトマネジメント入門』JPP、2015.
小林潔司、原良憲、山内裕編『日本型クリエイティブ・サービスの時代』日本評論社、2014.
厚生労働省「新人看護職員研修ガイドライン　改訂版」2014.
厚生労働省「キャリア形成を支援する労働市場政策研究会報告書」2002.
近藤隆雄著『サービス・イノベーションの理論と方法』生産性出版、2012.
近藤隆雄著『サービスマネジメント入門』生産性出版、2007.
埼玉県立大学編『IPWを学ぶ、利用者中心の保健医療福祉連携』中央法規出版、2009.
ジーン・レイブ、エティエンス・ウェンガー著、佐伯胖訳『状況に埋め込まれた学習　正統的周辺参加』産業図書、1993.
鈴木竜太著『自立する組織人』生産性出版、2007.
スティーブン P. ロビンス著、高木晴夫訳『新版 組織行動のマネジメント　入門から実践へ』ダイヤモンド社、2009.
全国社会福祉協議会編『福祉施設におけるリスクマネジャーの実践』全国社会福祉協議会、2006.
宮崎民雄監修、全国社会福祉協議会編『改訂 福祉の「職場研修」マニュアル：福祉人材育成のための実践手引き』全国社会福祉協議会、2016.
田尾雅夫著『ヒューマン・サービスの組織』法律文化社、1995.

田村由美、津田紀子著「リフレクションとは何か」『看護研究』41(3)、171-181 頁、2008.
辻本篤著『組織学習の理論と実践』生産性出版、2014.
外岡潤著『介護トラブル対処法』メディカ出版、2013.
東京都「社会福祉施設におけるリスクマネジメントガイドライン」2009.
ドナルド A. ショーン著、佐藤学、秋田喜代美訳『専門家の知恵』ゆみる出版、2001.
ドナルド A. ショーン著、柳沢昌一、三輪建二監訳『省察的実践とは何か』鳳書房、2007.
日本能率協会マネジメントセンター編『異質な力を引き出す対立のススメ』日本能率協会マネジメントセンター、2015.
島津望著『医療の質と患者満足』千倉書房、2005.
髙木晴夫監修、竹内伸一著『ケースメソッド教授法入門』慶應義塾大学出版会、2010.
中原淳著『経営学習論』東京大学出版会、2012.
中原淳著『職場学習論　仕事の学びを科学する』東京大学出版会、2010.
中原淳監修、舘野泰一・高橋俊之著『リーダーシップ教育のフロンティア　研究編』北大路書房、2018.
中原淳監修、舘野泰一・高橋俊之著『リーダーシップ教育のフロンティア　実践編』北大路書房、2018.
中原淳、中村和彦著『組織開発の探究』ダイヤモンド社、2018.
中原淳他著『企業内人材育成入門』ダイヤモンド社、2006.
中原淳著『フィードバック入門』PHP 研究所、2017.
中村雄二郎著『臨床の知とは何か』岩波書店、1992.
中村文子、ボブ・パイク著『研修デザインハンドブック』日本能率協会マネジメントセンター、2018.
野中郁次郎、竹内弘高著『知識創造企業』東洋経済新報社、1996.
野中郁次郎、紺野登著『知識経営のすすめ』筑摩書房、1999.
P. ハーシィ、K. H. ブランチャード、D. E. ジョンソン著、山本成二、山本あずさ訳『入門から応用へ　行動科学の展開』生産性出版、2000.
東めぐみ著『看護リフレクション入門』ライフサポート社、2009.
福祉職員キャリアパス対応生涯研修課程テキスト編集委員会編『福祉職員キャリアパス対応生涯研修課程テキスト』全国社会福祉協議会、2013.
古川久敬著『チームマネジメント』日本経済新聞出版社、2004.
フランク・ゴーブル著、小口忠彦監訳『マズローの心理学』産能大出版部、1972.
堀公俊、加藤彰、加留部貴行著『チーム・ビルディング』日本経済新聞出版社、2007.
堀公俊著『ファシリテーション入門　第 2 版』日本経済新聞出版社、2018.
マイケル A. ウェスト著、下山晴彦監訳『チームワークの心理学』東京大学出版会、2014.
マイケル・スミス著、藤江昌嗣監訳『プログラム評価入門』梓出版社、2009.
松尾睦著『学習する病院組織』同文館出版、2009.
松尾睦著『職場が生きる 人が育つ「経験学習」入門』ダイヤモンド社、2011.
松尾睦著『「経験学習」ケーススタディ』ダイヤモンド社、2015.
松山一紀著『組織行動とキャリアの心理学入門』大学教育出版、2009.
三隅二不二著『リーダーシップ行動の科学　改訂版』有斐閣、1984.
三菱総合研究所「特別養護老人ホームにおける介護事故予防ガイドライン」平成 24 年度厚生労働省老人保健事業推進費等補助金、2013.
安田節之著『プログラム評価』新曜社、2011.

山口裕幸編『コンピテンシーとチーム・マネジメントの心理学』朝倉書店、2009.
山田滋、下山名月著『安全な介護　ポジティブ・リスクマネジメント　改訂版』ブリコラージュ、2018.
ライフサポートワーク推進委員会編『ライフサポートワーク実践テキストブック』中央法規出版、2010.
Avedis Donabedian 著、東尚弘訳『医療の質の定義と評価方法』認定 NPO 法人健康医療評価研究機構、2007.
F. コルトハーヘン編著、武田信子監訳『教師教育学』学文社、2012.
Arrow, H., McGrath, J.E., & Berdahl, J.I., (2000), Small groups as complex systems: Formation, coordination, development and adaptation. Thousand Oaks, CA:Sage.
Belbin, R.M.(1981), Management Teams: Why they succeed or fail, Heinemann, Oxford.
Ebbinghaus, H.(1885), Memory: Contribution to Experimental Psychology. Columbia University.
Ericsson, K.A.(1996), The Road to Excellence. Lawrence Erlbaum Associate.
Gibbs, G.(1988), Learning by Doing: A Guide to Teaching and Learning Methods. Further Education Unit. Oxford Polytechnic.
Hill, S.E.K. (2004), Team leadership. In P. G. Northhouse(Ed.), Leadership: The theory and practice, 3rd ed. Thousand Oaks, CA:Sage Publications, pp.203-225.
Jehn, K.A. (1997), A Qualitative Analysis of Conflict Types and Dimensions in Organizational Groups, Administrative Science Quarterly, vol.42, No.3, pp.530-557.
Kilman, R.H. & Thomas, K.W.(1975), Interoersonal Conflict-handling Behavior as Reflections of Jungian Personality Dimensions, Psychological Reports, 37, pp.971-980.
Knowles, M.S.(1980), The Modern Practice of Adult Education: from Pedagogy to Andragogy. 2nd ed. New York, Cambridge, The Adult Education Company.
Kolb, D.A.(1984), Experimental learning: Experience as the source of the learning and development, Prentice Hall, Englewood Cliffs.
Lombardo, N.M., Eichinger, R.W.(1996), Career Architect Development Planner. Lominger.
McGrathe, J.E.(1964), Social psychology: A brief introduction. New York: Holt, Rinehart & Winston.
Rousseau, V., Aube, C., & Savoie, A. (2006), Teamwork Behaviors: A review and an integration of frameworks. Small Group Research, 37, 540-570.
Salas, E., Dickinson.T.L., Converse, S.A., & Tannenbaum, S.I. (1992), Toward an understanding of team performance and training. In R.W.Swezey & E.Salas, Teams: Their training and performance Norwood, NJ:Ablex Publishing Corporation, pp.3-29.
Tuckman, B.W. and Jensen, M.C. (1977), Stages of small group development revisited. Group and Organizational Studies, 2, 419-427.
West, M.A. (2000), Reflexivity, revolution, and innovation in work teams, Product development teams(eds, M. Beyerlein, D. Johnson, S. Beyerlein), JAI Press, Stanford USA, pp.1-29.

執筆者一覧

本文執筆者

井上由起子
(日本社会事業大学専門職大学院 教授)
………第 1 章、第 2 章、第 5 章、第 8 章、第 10 章

鶴岡 浩樹
(日本社会事業大学専門職大学院 教授、つるかめ診療所 副所長)
………第 3 章、第 6 章、第 7 章

宮島 渡
(日本社会事業大学専門職大学院 特任教授、
社会福祉法人恵仁福祉協会 理事長)
………第 4 章、第 9 章、第 12 章

村田麻起子
(社会福祉法人リガーレ暮らしの架け橋 マネージャー)
………第 11 章

コラム執筆者

『学び続けることの大切さ』
　舘 栄一郎 (SOMPO ケア株式会社)

『「3 年目の離職」を防ぐための研修』
　梅本 旬子 (社会福祉法人こうほうえん)

『複数法人が共同で役職者研修を行う』
　杉原 優子 (社会福祉法人リガーレ暮らしの架け橋)

『コンフリクトから支援の「思い」に辿りつく』
　石垣小百合 (ウェルビー株式会社)

現場で役立つ　介護・福祉リーダーのためのチームマネジメント

2019年11月20日　初　版　発　行
2021年 7 月30日　初版第 2 刷発行

| 著　者 | 井上由起子、鶴岡浩樹、宮島渡、村田麻起子 |
| 発行者 | 荘村明彦 |
| 発行所 | 中央法規出版株式会社
〒110-0016　東京都台東区台東 3 － 29 － 1 　中央法規ビル
営　　業　　Tel. 03-3834-5817　Fax. 03-3837-8037
取次・書店担当　Tel. 03-3834-5815　Fax. 03-3837-8035
https://www.chuohoki.co.jp/ |
装幀・本文デザイン	加藤愛子（オフィスキントン）
本文イラスト	堀江篤史
印刷・製本	長野印刷商工株式会社

定価はカバーに表示してあります。
ISBN978-4-8058-5957-5

本書のコピー、スキャン、デジタル化等の無断複製は、
著作権法上での例外を除き禁じられています。
また、本書を代行業者等の第三者に依頼してコピー、スキャン、デジタル化することは、
たとえ個人や家庭内での利用であっても著作権法違反です。
落丁本・乱丁本はお取り替えいたします。
本書の内容に関するご質問については、下記URLから「お問い合わせフォーム」に
ご入力いただきますようお願いいたします。
https://www.chuohoki.co.jp/contact/